Juliana Fernandes

GUIA DE NUTRIÇÃO E PETISCOS PET PARA TUTORES

Icone editora

Diagramação e capa: Patricia Gomiero

Revisora: Tânia Lins

CIP-BRASIL. CATALOGAÇÃO NA PUBLICAÇÃO
SINDICATO NACIONAL DOS EDITORES DE LIVROS, RJ

F399g

Fernandes, Juliana
Guia de nutrição e petiscos pet para tutores / Juliana Fernandes. - 1. ed. - São Paulo : Ícone, 2023.
94 p. ; 23 cm.

Inclui bibliografia e índice
ISBN 9786586179217

1. Nutrição animal. 2. Receitas - Alimentação. I. Título.

23-82009 CDD: 636.085
CDU: 636.085

Gabriela Faray Ferreira Lopes - Bibliotecária - CRB-7/6643

16/01/2023 19/01/2023

ÍCONE EDITORA
Rua Javaés, 589 – Bom Retiro
CEP: 01130-010 – São Paulo/SP
Fone/Fax: (11) 3392-7771
www.iconeeditora.com.br
iconevendas@iconeeditora.com.br

SUMÁRIO

INTRODUÇÃO

Cães e gatos ocupam um espaço cada vez mais significativo nos nossos lares e uma posição de destaque em nossos corações. Longe de serem tratados apenas como animais, hoje os pets fazem parte da nossa família. Mas não devemos nunca esquecer, para o bem deles, que cães e gatos pertencem a uma espécie diferente da nossa, que tem suas particularidades e exigências próprias.

Tendo isso em mente, para que possamos dar para eles a melhor vida possível, entender essas particularidades é de extrema importância. Assim, evitamos deficiências nutricionais, excessos e transferência de crenças nutricionais que não se aplicam a esses animais.

O manejo alimentar correto é responsável por grande parte da saúde de cães e gatos e pode levar à prevenção de doenças e ao aumento da expectativa de vida. Quem não quer seu bichinho ao seu lado por mais tempo, não é mesmo?

O livro que você está em mãos tem o objetivo de trazer informação para tutores de pets, para que possam tomar melhores decisões com relação à nutrição de seus animais de forma independente. Afinal, informação é poder. Vamos juntos nesta jornada?

1 - Diferenças entre cães e gatos

Apesar de ocuparem o mesmo espaço em nossos corações, cães e gatos têm diferenças importantes entre si, tanto em seu comportamento como em sua fisiologia, e entender suas particularidades é essencial para darmos a eles a melhor vida possível.

Quer um exemplo? Cães podem ser criados a vida inteira com o mesmo tipo de alimento e mesmo assim aceitarão bem qualquer alteração na sua dieta, em qualquer fase da sua vida. Gatos, por outro lado, se acostumados a apenas um tipo de alimento quando filhotes, permanecerão com aquele alimento a vida inteira, apresentando muita resistência a trocas na sua alimentação posteriormente, e entenderemos o porquê desse comportamento mais adiante.

Exigências nutricionais

Este é um material destinado a tutores, então não me prolongarei muito em detalhes por demais técnicos, vamos deixar a parte mais difícil na mão dos nutricionistas pet (zootecnistas e veterinários) e focaremos aqui nas informações que devemos buscar para escolhermos o melhor alimento para nossos pets em casa.

A primeira diferença crucial entre estas duas espécies, cães e gatos, é em relação às suas exigências nutricionais. Cães vêm evoluindo como espécie ao lado dos seres humanos há mais tempo que os gatos e, com isso, seu metabolismo — em comparação com seus antepassados — já se modificou muito mais que o dos gatos.

Cães hoje já podem ser considerados onívoros, ou seja, esses animais estão completamente adaptados às dietas com carboidratos, vegetais diversos e até mesmo podem receber dietas vegetarianas (desde que muito bem balanceadas).

Gatos, por outro lado, ainda são considerados carnívoros estritos, isso porque sua glicemia depende da gliconeogênese (síntese de glicose a partir de compostos não carboidratos, como os aminoácidos das proteínas), além de sua exigência por taurina, aminoácido presente exclusivamente em tecido animal.

Respeitar as particularidades de cada espécie é o que nos trará sucesso no cuidado com nossos pets e uma vida mais plena e cheia de saúde para eles.

2 - Nutrientes que não podem faltar

Cães têm exigência por diversos nutrientes que devem estar presentes em quantidade e serem fornecidos por fontes de qualidade para que sejam aproveitados pelo organismo. São eles:

- Aminoácidos: arginina, histidina, isoleucina, leucina, lisina, metionina, metionina+cistina, fenilalanina, fenilalanina+tirosina, treonina, triptofano, valina.

Nas rações, esses nutrientes serão fornecidos pelas fontes de proteína, como farinha de vísceras, farinha de sangue e ossos, carne mecanicamente separada, entre outras.

No âmbito de alimentos naturais, encontramos como fontes de proteína ingredientes mais conhecidos por nós, como peito de frango, músculo bovino, filé suíno, peru, pernil de cordeiro, fígado bovino ou de frango etc.

- Ácidos graxos: ácido linoleico, ácido linolênico.

Esses nutrientes são fornecidos pelas gorduras da dieta, como óleo de soja, óleo de peixe, azeite, óleo de linhaça.

Diversos óleos são seguros e saudáveis para nossos pets. O mais importante na escolha da fonte é a proporção que ele fornece dos ácidos graxos mencionados.

- Macrominerais: cálcio, fósforo (e a correta relação entre eles), potássio, sódio, cloro, magnésio.

- Microminerais: zinco, cobre (e a correta relação entre eles), iodo, ferro, manganês, selênio.

- Vitaminas: vitamina A, vitamina D, vitamina E, tiamina, riboflavina, niacina, ácido pantotênico, piridoxina, cianocobalamina, ácido fólico, colina.

Macrominerais, microminerais e as vitaminas advêm de todos os ingredientes da dieta, mas normalmente não em quantidade suficiente para completar as exigências. Logo, é necessário que as dietas levem uma suplementação específica, que será o maior doador real dos nutrientes descritos.

Além dos nutrientes mencionados acima, há a exigência por proteína e gordura em si, e precisamos considerar que, apesar de não serem uma exigência, a presença de fibras de boa qualidade é determinante para a saúde intestinal, que leva à manutenção da imunidade.

Gatos têm exigência por todos os nutrientes mencionados para cães, com adição da taurina, que citei anteriormente, e do ácido araquidônico, todos eles, claro, em quantidades diferentes do que é exigido pelo metabolismo de cães.

Ultrapassando a barreira do básico para a manutenção da vida e da saúde, encontramos ainda diversos nutrientes e fitonutrientes que potencializam a saúde, a qualidade da pele e do pelo e o sistema imunológico como, por exemplo:

- EPA e DHA;
- Carotenoides;
- Antocianinas;
- Antioxidantes, entre outros.

3 - Hábitos alimentares

Cães na natureza são animais de hábitos gregários, ou seja, vivem em bandos com os quais saem para caçar e se alimentam em conjunto. Esses animais têm hábito de caçar grandes presas, que são divididas entre o grupo. Depois de cada grande refeição, eles nunca sabem quando se alimentarão de novo.

Isso explica o comportamento de grande parte dos cães com relação à alimentação, aquele anseio por comer rápido e em grande quantidade, garantindo o maior consumo possível. Como explicar para esse animal que não vai faltar comida? Que ele não precisa "se garantir"?

Gatos, por outro lado, após o desmame, vivem de forma independente. As mães ensinam para seus filhotes tudo que é seguro consumir, enquanto eles ainda são pequenos, e, quando crescem, eles tendem a se manter dentro dessa dieta.

Por estarem na maior parte do tempo sozinhos, essa é uma estratégia evolutiva que garante maior segurança para esses animais. Ademais, eles caçam pequenos animais e não podem ficar muito tempo de alimentando de uma vez, por estarem sozinhos e mais expostos a ameaças nesses momentos.

Daí vemos o hábito de os gatos não aceitarem, depois de adultos, nada com que não tenham sido habituados quando filhotes e, também, seu costume de fazer várias pequenas refeições durante o dia, sempre comendo, mas sempre um pouquinho por vez.

O metabolismo desses animais evoluiu junto com esses costumes, e gatos nunca devem ficar longos períodos sem comida disponível, sob o risco de desenvolverem problemas metabólicos, como a lipidose hepática, que pode levar a óbito.

Seguindo o mesmo raciocínio, se você quer ter um gato que aceita mudanças na sua alimentação no decorrer da vida, enquanto ele for filhote é imperativo que você apresente para ele os mais variados tipos de alimentos, diferentes sabores, diferentes texturas, alimento seco, úmido, triturado etc. Quanto mais variedade na fase de filhote, maior será a abrangência do paladar do gato adulto.

Além dos hábitos, a fisiologia de gatos é diferente da de cães em alguns pontos. Um deles, de importância significativa, é a menor produção de algumas enzimas digestivas, como a glucuronidase, por exemplo, o que faz com que esses animais sejam mais suscetíveis a intoxicações, exigindo maior cuidado.

4 - Obesidade em cães e gatos

A obesidade é um problema de saúde que vem aumentando significativamente entre seres humanos e seus pets, devido à oferta de alimentos de alta palatabilidade, alta densidade calórica e manejo nutricional inadequado.

Esse é um problema de graves consequências, tendo em vista que já temos inúmeros trabalhos científicos em circulação que evidenciam que a obesidade em pets pode levar a diabetes, problemas articulares, respiratórios, cardíacos, renais, hepáticos e à diminuição da expectativa de vida em dois ou mais anos.

Um organismo com excesso de peso também está em estado constante de inflamação, podendo levar ao surgimento de coceiras na pele, otites de repetição, queda de pelo e uma diminuição do bem-estar de forma geral. Pesquisas feitas internacionalmente demonstram que aproximadamente 55% dos cães e gatos em países desenvolvidos estão obesos.

Tutores têm um papel fundamental no ganho excessivo de peso de seus pets, seja por não conhecerem a forma de calcular a quantidade ideal de comida, por não saberem identificar o sobrepeso em seus animais, pela oferta livre de petiscos ou por estimularem inadvertidamente os animais a pedirem alimento durante as refeições da família. Por fim, não podemos deixar de considerar o estilo de vida sedentário da maior parte da população, o que reflete em baixa atividade física para seus animais.

Como avaliar o peso do seu cão ou gato

Um nutricionista pet saberá calcular o Índice de Massa Corporal (IMC) do seu animal, mas a forma mais comum de avaliarmos é uma escala subjetiva denominada escore de condição corporal (ECC).

Através de uma avaliação física dos depósitos de gordura em regiões como costelas, base da cauda e abdômen, se estabelece um número (que pode estar em uma escala de 1 a 5 ou de 1 a 9, conforme preferência do avaliador) que determina se o cão está dentro, acima ou abaixo do peso ideal.

Abaixo um exemplo de escala de ECC de 1 a 5, que é possível usar como guia para avaliar seu pet.

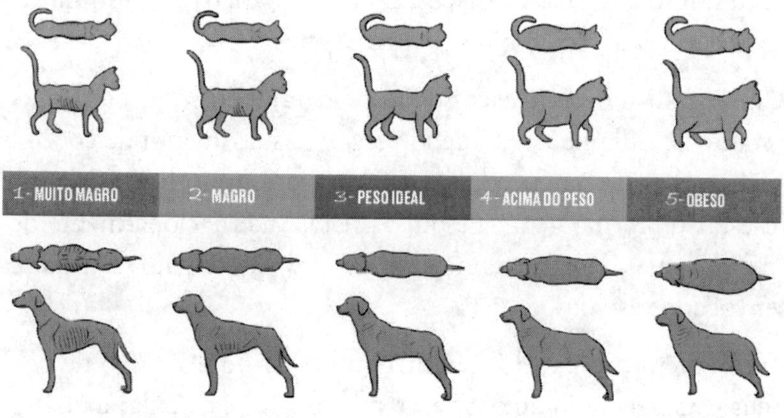

Pontos nos quais precisamos focar para termos certeza de que nosso pet está dentro do peso:

- É possível sentir as costelas do animal sem necessidade de fazer pressão na área, apenas passando a mão por cima.
- A cintura é bem marcada e facilmente visualizada observando o animal por cima.
- Há uma reentrância abdominal discreta.

Calculando exigência energética de cães e gatos

O cálculo da exigência energética diária dos pets se faz importante para evitarmos o sobrepeso e suas consequências. Manter nossos animais no peso saudável é muito mais fácil que fazê-los passar por um programa de emagrecimento depois que a obesidade já estiver instalada.

Com isso em mente, explicarei o cálculo correto para determinação dessa exigência em cães adultos e saudáveis. Caso seu pet seja filhote, idoso ou tenha algum problema de saúde, aconselho a procurar um nutricionista pet para que o cálculo específico seja feito levando todo o quadro do animal e seu estado fisiológico em consideração.

Caso você já tenha se deparado na internet com um cálculo da exigência baseado em porcentagem do peso do animal, esqueça. Esse cálculo não reflete a necessidade real do animal e já foi desacreditado por diversos profissionais respeitados na área de nutrição animal.

É necessário que o cálculo seja feito com base no **peso metabólico**, que nada mais é que uma adaptação para que o peso corporal do animal leve em conta sua superfície corporal externa, refletindo melhor a perda calórica para o ambiente e seu metabolismo.

Para encontrarmos o peso metabólico de cães, fazemos:

- peso corporal atual elevado a 0,75.

Para encontrarmos o peso metabólico de gatos, fazemos:

- peso corporal atual elevado a 0,67.

Para fazer essa conta na calculadora, digite o peso do animal, pressione a tecla "^" e então digite 0,75 para cães ou 0,67 para gatos. Você precisará de uma calculadora científica, a calculadora do computador ou a de um *smartphone* no módulo "científico".

Sendo assim, um cão de 5 kg de peso corporal tem como peso metabólico 3,34; e um gato de 5 kg tem como peso metabólico 2,93.

Posteriormente, com o peso metabólico em mãos, precisamos multiplicá-lo por um fator de nossa escolha, com base no nível de atividade do animal:

- 85 para animais inativos ou castrados com baixa atividade física;
- 95 para cães com baixa atividade física;
- 110 para cães com atividade física moderada (1h por dia);
- 125 para cães com atividade física intensa (mais de 1h por dia);
- 75 para gatos sem acesso à rua;
- 100 para gatos muito ativos e com acesso à rua.

Exemplo:

Nosso cão de 5 kg, com peso metabólico calculado em 3,34, é castrado e com baixíssima atividade diária, fica a maior parte do tempo dentro de casa e passeia apenas para fazer as necessidades fisiológicas. Usaremos o fator de 85 com ele e arredondaremos os resultados.

- 3,34 x 85 = 284 kcal/dia

Nosso gato de 5 kg, com peso metabólico calculado em 2,93, não é castrado, tem livre acesso à rua, onde passa bastante tempo caminhando, com alta atividade física. Então, usaremos o fator de 100 com ele.

- 2,93 x 100 = 293 kcal/dia

Existem algumas exceções que impactam a escolha desse fator que será multiplicado pelo peso metabólico. São raças que têm um metabolismo diferenciado e devem ser tratadas de forma individual:

- dogue alemão: fator de 200;
- terra nova: fator de 105.

Além dessas duas exceções, um caso difícil de se encontrar atualmente pode ainda assim acontecer:

- cães com altíssima atividade física, com intensidade, por mais de três horas diárias: fator de 150-175.

5 - Tipos de alimentos

Agora que já conhecemos a necessidade diária de ingestão de calorias dos nossos pets, vamos entender mais sobre os diferentes tipos de alimentos disponíveis no mercado, suas particularidades, aplicações e, posteriormente, entenderemos como calcular a quantidade de alimento imprescindível para atingir a necessidade diária do pet.

Classificação

Nem todos os alimentos que encontramos em *petshops* são alimentos completos, destinados a suprir todas as necessidades por nutrientes que os animais apresentam. Seguem as classificações:

Alimento completo: produto composto por ingredientes e matérias-primas destinado exclusivamente à alimentação de animais de estimação, capaz de atender integralmente suas exigências nutricionais (ração, alimento úmido completo, alimentação caseira completa, destinados a cães e gatos saudáveis).

Alimento coadjuvante: produto composto por ingredientes e matérias-primas destinado exclusivamente à alimentação de animais de estimação com distúrbios fisiológicos ou metabólicos, capaz de atender integralmente suas exigências nutricionais (ração, alimento úmido completo, alimentação caseira completa, destinados a cães e gatos com alguma patologia).

Alimento específico: produto composto por ingredientes e matérias-primas destinado exclusivamente à alimentação de animais de estimação, com mera finalidade de agrado, prêmio ou recompensa e que não se caracteriza como alimento completo (biscoitos, petiscos desidratados, sachês não completos).

Produto mastigável: produto destinado exclusivamente a animais de estimação, com objetivo de diversão ou agrado, com valor nutricional desprezível (ossos, orelhas, rótulas).

Dentro da categoria de alimento completo, temos diferentes opções em termos de umidade:

- Alimento seco: deve possuir no máximo 12% de umidade; entram nessa categoria as rações secas tradicionais, que são alimentos de escolha de grande parte da população.

- Alimento semiúmido: umidade entre 12% e 30%; continua sendo uma ração parecida com as tradicionais, mas contém mais umidade, então, são mais macias.

- Alimento úmido: umidade mínima de 30% e máxima de 84%, excelente para animais de paladar exigente; geralmente enlatado.

Agora que você já conhece os diferentes tipos de alimentos, saiba que existem diferenças ainda dentro de cada categoria. Seja alimento seco, úmido ou semiúmido, há variações em sua qualidade, são as categorias que conhecemos como *standard*, *premium* e *super premium*. Vou ensinar como identificá-los posteriormente, mas para isso precisamos entender um pouco melhor os rótulos.

Tabelas de exigências nutricionais

Tenho certeza de que você como tutor já passou pelo sufoco de tentar decifrar um rótulo de alimento pet e se deparou com termos que nunca tinha visto antes. Eu sei que isso pode ser um desafio, mas entenderemos aqui cada um desses termos. Para isso, veja abaixo este exemplo de rótulo de ração para gatos:

Níveis de garantia		
Umidade	(máx.)	90 g/kg
Proteína bruta	(mín.)	460 g/kg
Extrato etéreo	(mín.)	120 g/kg
Extrato etéreo	(máx.)	150 g/kg
Matéria fibrosa	(máx.)	60 g/kg
Matéria mineral	(máx.)	75 g/kg
Cálcio	(máx.)	14 g/kg
Cálcio	(mín.)	8.000 mg/kg
Fósforo	(mín.)	7.000 mg/kg
Sódio	(mín.)	3.000 mg/kg
Metionina	(mín.)	4.100 mg/kg
Taurina	(mín.)	2.500 mg/kg
Vitamina E	(mín.)	600 mg/kg
Vitamina C	(mín.)	100 mg/kg
Ômega 3	(mín.)	2.800 mg/kg
Ômega 6	(mín.)	26 g/kg
Mannanoligossacarídeos (MOS)	(mín.)	500 mg/kg
Hexametafosfato de sódio	(mín.)	3.000 mg/kg
Energia metabolizável	(mín.)	3.810 kcal/kg

A primeira coisa que fica evidente é a **umidade** de 90 g/kg, ou seja, 9%, caracterizando esse como um alimento seco.

Logo abaixo temos a **proteína bruta**, que nada mais é que o nível de proteína na dieta, não confunda com a inclusão de carne ou outros ingredientes proteicos. Esse valor informa exatamente quantos gramas de proteína em si o alimento contém. Para que essa diferença fique mais clara, um peito de frango de 100 g, por exemplo, tem 32 g de proteína bruta.

Em seguida, na tabela, vemos o primeiro termo esquisito, **extrato etéreo**, que é a gordura da dieta. Cães e gatos saudáveis se beneficiam muito de dietas com bons níveis de gordura. Ela é responsável pela saúde da pele e do pelo, além de ser precursora de hormônios e fundamental para o metabolismo de algumas vitaminas.

Nunca devemos restringir ou buscar alimentos com baixa gordura, caso o pet não tenha nenhum problema de saúde que exija essa redução; essa seria uma transferência perigosa de um conceito de nutrição humana que não se aplica a pets.

Matéria fibrosa é a porcentagem de fibras da dieta. Cães e gatos saudáveis precisam receber um nível adequado de fibras para o correto funcionamento e a saúde do trato gastrointestinal. Porém, se esse nível for alto demais, a digestão começa a ser prejudicada (o que é interessante em algumas patologias, mas não em animais saudáveis). Alimentos de menor qualidade tendem a ter fibra alta; algo importante a ser observado.

O mesmo acontece no caso da **matéria mineral**, que é o nível de minerais na dieta. Esses minerais advêm de todos os ingredientes da dieta e da suplementação. Níveis controlados de matéria mineral são interessantes, pois esse é um outro fator que quando encontrado em excesso pode prejudicar a digestão. Então, em alimentos de alta qualidade, a busca é por atender todos os nutrientes de exigência em níveis ótimos, mas com o mínimo possível de matéria mineral no resultado final.

Agora você já conhece todos os componentes básicos dos níveis de garantia de um alimento comercial. Depois disso, na tabela, aparecerão os minerais e a suplementação na dieta. Aí ainda podem aparecer alguns termos desconhecidos, como aditivos que visam a algum benefício extra para o animal que consumirá essa ração.

No exemplo acima, a dieta contém hexametafosfato de sódio, que é um tipo de mineral com comprovada eficácia na promoção da saúde bucal. Não me alongarei muito na explicação de aditivos e ingredientes funcionais, pois isso daria mais um livro inteiro e é algo mais técnico, que não é o objetivo deste trabalho.

Outro dado importante de ressaltarmos é que, diferente do que acontece na indústria de alimentação humana, para alimentos pet não há a necessidade de mencionar os ingredientes no rótulo na ordem que corresponde à sua inclusão. Ou seja, os primeiros ingredientes da lista não necessariamente são os que entram em maior quantidade na fórmula. Os fabricantes têm liberdade para mencionar os ingredientes na ordem que acharem mais conveniente.

Ração - diferenças entre as categorias do mercado

Não existe atualmente uma norma para padronizar essas classificações, o que temos é um acordo tácito do mercado pet, mas cada fabricante tem liberdade para classificar seu produto como bem entender. Aí entra o conhecimento de avaliação da qualidade dos ingredientes e dos níveis nutricionais, que um profissional da área, veterinário ou zootecnista, poderá ajudá-lo.

Vou listar aqui alguns pontos que costumam ser seguidos pelos fabricantes para cada categoria de alimento.

Standard

Produtos que atendem às exigências mínimas de todos os nutrientes, sem níveis otimizados, com ingredientes de média digestibilidade. O nível de proteína bruta costuma ficar bem próximo ao mínimo e não há grande preocupação em reduzir os níveis de matéria mineral, por exemplo. O foco aqui é o menor valor possível para o produto final.

Premium

Formulação com os nutrientes acima do mínimo recomendado, em níveis otimizados, com a maior parte da proteína vinda de origem animal (maior digestibilidade e aproveitamento). Esse produto acaba gerando menor volume de fezes e nele são incluídos alguns ingredientes funcionais para a promoção da saúde do animal.

Super Premium

Categoria de produtos mais caros dentre as rações secas, apresentam divisão por raça, estado fisiológico, porte do animal, entre outras. Esses alimentos têm níveis nutricionais muito acima do mínimo e usam ingredientes de altíssima qualidade, com muitos aditivos funcionais para promover a saúde do animal.

Calculando as calorias da ração

Muitas vezes, a tabela nutricional das rações comerciais informa quantas calorias aquele alimento contém, mas essa informação não é obrigatória nos rótulos, então, alguns fabricantes acabam não as colocando.

Caso se depare com um alimento comercial que você quer usar, mas que não contém a informação das calorias, você mesmo pode fazer essa conta.

O resultado da conta será um valor aproximado, mas um ótimo guia, caso essa informação esteja faltando. Vamos usar como exemplo para cálculo a mesma ração da tabela nutricional acima. Nela vemos no final a informação das calorias, então, será um bom exemplo para conferirmos o resultado.

O primeiro passo é descobrirmos o nível de carboidrato da dieta, pois essa também não é uma informação obrigatória nos rótulos e, muitas vezes, não é inserida. Mas, se ela constar, estará descrita como Extrativo Não Nitrogenado (ENN).

O rótulo do exemplo não contém essa informação, mas o carboidrato é a única coisa que falta ali, e as demais informações são dadas em gramas/quilo. Então, é só pegarmos 1 kg (1.000 g) e subtrairmos as demais informações.

1.000 g – (umidade em gramas + proteína em gramas + gordura (extrato etéreo) em gramas + matéria mineral em gramas + matéria fibrosa em gramas)

Para a gordura que tem mínimo e máximo, usaremos um valor intermediário, se o mínimo é 120 e o máximo 150, vamos considerar o valor de 135.

Ou seja, no exemplo dado:

1.000 g – (90 + 460 + 135 + 60 + 75) = 1.000 g – 820 = 180 g

As informações que usaremos para cálculo são a proteína, a gordura e o carboidrato, que são os componentes da dieta que contribuem com calorias.

Consideramos que cada grama de proteína e de carboidrato contribui com 4 kcal, e que cada grama de gordura contribui com 9 kcal em alimentos super premium, que têm ingredientes de alta qualidade, logo têm maior aproveitamento no organismo.

Os valores para proteína e carboidrato em rações de mais baixa qualidade são de 3,5 kcal/grama e de gordura de 8,5 kcal/grama.

Seguindo com o nosso exemplo, a conta seria a seguinte:

4 * 460 = 1.840

4 * 180 = 720

9 * 135 = 1.215

Depois, é só somar tudo: 1.840 + 720 + 1.215 = 3.775,00 por kg ou 3,75 kcal/grama

Viu como nos aproximamos bastante do descrito pelo fabricante?

Como calcular a ingestão diária de alimento com base nos dois cálculos ensinados anteriormente

Agora que você já sabe como calcular a necessidade calórica diária do seu pet e como determinar as calorias da ração, caso isso não tenha sido informado, é só dividir um pelo outro. Vamos fazer um exercício prático?

A ração usada no exemplo é de gatos. Então, pegaremos também nosso gatinho do exemplo. Calculamos anteriormente que ele precisa de 293 kcal/dia, e a nossa ração de gatos fornece 3,75 kcal/grama:

293 / 3,75 = 78 g — é a necessidade diária de ingestão da ração em questão para esse gatinho (arredondando o resultado).

Achou tudo complicado demais? É um pouco técnico mesmo. Expliquei o passo a passo para sua maior autonomia e para que entenda as contas. Mas, no final deste livro, disponibilizarei um QR code que dá acesso ao download de uma planilha de Excel, que fará automaticamente todos esses cálculos. Você só precisará preencher as informações do pet e da dieta em questão. Não precisa agradecer.

6 - Alimento natural

O termo alimentação natural já está incrustrado na maioria de nós, e eu mesma acabo me referindo a essas dietas dessa forma, mas o termo não é exatamente correto; devemos usar dieta caseira.

Pela legislação, alimentos naturais não podem conter nada de origem sintética, e todo alimento caseiro deve **obrigatoriamente** conter suplementação mineral e vitamínica para que seja completo, balanceado e seguro para cães e gatos.

Mas isso é uma preocupação para quem produz comercialmente. Seguiremos usando o termo alimentação natural aqui, pois é de entendimento geral e é o que estamos mais acostumados.

Riscos e benefícios

São inúmeros os benefícios da alimentação natural para cães e mais ainda para gatos, porém, também são incontáveis os riscos quando esse alimento não é corretamente balanceado.

Já vimos anteriormente que são diversos nutrientes que precisam ter seu nível mínimo atingido (e alguns que têm um nível máximo que não deve ser ultrapassado sob o risco de intoxicação). Mas, além disso, há também a preocupação com interações entre os nutrientes. Você sabia que existem proporções corretas entre alguns dos nutrientes da dieta? Por exemplo:

- cálcio/fósforo;
- ômega 6/ômega 3;
- zinco/cobre.

Além dos riscos nutricionais, precisamos levar em conta o risco de contaminação do alimento ao ser manipulado. É importante, ao cozinhar em casa, ter atenção às boas práticas para garantir que o alimento seja seguro:

- Manipular e cozinhar as diferentes categorias de alimento de forma individual.
- Não deixar os alimentos já cozidos expostos ao ambiente por muito tempo.
- Congelar as porções que não serão imediatamente usadas.

Animais alimentados com dietas caseiras bem balanceadas costumam comer com mais apetite; por ser um alimento muito palatável, ingerem mais água através da alimentação, o que é ótimo para eles, e podem ter suas dietas personalizadas de acordo com suas necessidades específicas.

Por outro lado, animais que recebem dietas naturais desbalanceadas podem ter diversos problemas. A deficiência de cálcio, que é uma das mais comuns de serem observadas nessas dietas, pode levar ao raquitismo (que pode ser irreversível), osteomalácia (problemas na mineralização óssea), contrações musculares involuntárias, juntas doloridas e a chamada febre do leite, devido à reabsorção óssea.

A deficiência de sódio, cloro e iodo também é muito comum devido à crença de que não se deve adicionar sal às dietas naturais, o que é um grande erro, posto que esse ingrediente é praticamente o único que fornece esses nutrientes. A falta desses minerais pode causar queda de pressão arterial e dos batimentos cardíacos, córnea queratinizada, distúrbios gástricos, diarreias, problemas na digestão da proteína e menor absorção de aminoácidos, problemas na tireoide e quedas na fertilidade.

Então, percebam que, além dos problemas diretamente causados pela falta desses nutrientes, ainda temos interferência na digestão de outros compostos que podem até estar presentes em quantidade adequada, mas o organismo do animal não está sendo capaz de aproveitar corretamente.

Dietas caseiras desbalanceadas são, na minha opinião, o maior risco ao qual os pets estão expostos atualmente. A procura por dietas naturais cresce cada dia mais, mas as informações corretas nem sempre chegam aos tutores para que possam tomar melhores decisões na escolha do nutricionista que o orientará, ou mesmo para cobrar dietas corretamente balanceadas.

Quando tiver uma dieta para o se pet em mãos, observe:

- se ela contém um suplemento mineral e vitamínico;
- se tem uma fonte de gordura;
- se vem acompanhada da tabela nutricional.

Peça o perfil nutricional completo da dieta. Se o profissional não tiver esse documento para lhe fornecer, desconfie. Ele deverá enviar algo parecido com a imagem abaixo:

Nutrientes	Unidade	Atendimento	Qtde. Mínima	Qtde. Máxima
EM CÃES	kcal/kg	1500,3492	1400,0000	1500,0000
PROTEÍNA BRUTA	g/kg	99,3978	78,1500	132,0000
ARGININA TOTAL	g/kg	6,1834	2,2700	999999,9999
HISTIDINA TOTAL	g/kg	3,3090	1,0100	999999,9999
ISOLEUCINA TOTAL	g/kg	4,5674	2,0000	999999,9999
LEUCINA TOTAL	g/kg	7,9783	3,5600	999999,9999
LISINA TOTAL	g/kg	7,5316	1,8300	999999,9999
METIONINA TOTAL	g/kg	2,5734	1,7400	999999,9999
MET + CISTINA TOTAL	g/kg	3,5659	3,3200	999999,9999

FENIL + TIR TOTAL	g/kg	7,4863	3,8700	999999,9999
FENIL TOTAL	g/kg	4,2566	2,3400	999999,9999
TREONINA TOTAL	g/kg	4,1627	2,2700	999999,9999
TRIPTOFANO TOTAL	g/kg	1,0888	0,7400	999999,9999
VALINA TOTAL	g/kg	5,3388	2,5700	999999,9999
ENN	%	15,1243	0,0000	20,0000
FDT	g/kg	12,8455	10,0000	25,0000
EXTRATO ETÉREO	g/kg	55,4520	20,6300	60,0000
ACIDO LINOLEICO	g/kg	20,1145	5,7300	999999,9999
ÁCIDO LINOLÊNICO	g/kg	3,7360	0,5730	999999,9999
MATÉRIA MINERAL	g/kg	9,6001	0,0000	9999999,9990
CÁLCIO	g/kg	2,5251	2,1700	9,7500
FÓSFORO TOTAL	g/kg	1,9429	1,7400	6,0000
POTÁSSIO	g/kg	2,6960	2,1700	999999,9999
SÓDIO	g/kg	0,9816	0,4350	999999,9999
CLORO	g/kg	1,8000	0,6450	999999,9999
MAGNÉSIO	g/kg	0,3583	0,3000	999999,9999
COBRE	mg/kg	18,5000	3,1200	999999,9999
IODO	mg/kg	0,6390	0,4500	999999,9999
FERRO		87,1430	15,6000	999999,9999
MANGANÊS		6,0882	2,5000	999999,9999
SELÊNIO		0,3199	0,1010	0,7500
ZINCO		86,2506	31,2000	999999,9999
VITAMINA A		27,0056	2,6300	150,0000
VITAMINA D		514,3000	237,0000	1200,0000
VITAMINA E		32,8590	15,6000	999999,9999
VITAMINA B1		4,6975	0,9300	999999,9999
VITAMINA B2		7,2077	2,6100	999999,9999
VITAMINA B3		55,2372	7,1100	999999,9999

VITAMINA B5		27,5380	6,1600	999999,9999
VITAMINA B6		4,1389	0,6300	999999,9999
VITAMINA B12		0,0897	0,0145	999999,9999
ÁCIDO FÓLICO		0,7945	0,1120	999999,9999
COLINA		1599,1520	711,0000	999999,9999
MATÉRIA SECA		32,6595	0,0000	999999,9999
Nutrientes	Relação	Relação. Min	Relação Max.	
REL. CÁLCIO/ FÓSFORO TOTAL	1,2996	1,0000	1,5000	
REL. ZINCO/COBRE	4,6622	0,0000	10,0000	
REL. ÁCIDO LINOLEICO/ÁCIDO LINOLÊNICO	5,3839	2,0000	10,0000	

Apesar de considerar a ração um alimento seguro e completo para nossos animais, algo que a ciência vem evidenciando cada vez mais é a importância do microbioma intestinal para a saúde geral dos nossos pets.

Um intestino saudável é o responsável por mais de 70% da resposta imunológica dos animais e é o que determina, em muitos casos, se haverá alergias de pele, inflamações pelo corpo e mesmo o comportamento dos animais, visto que grande parte da serotonina — hormônio responsável pela sensação de bem-estar e felicidade — também é produzida ali.

Inegavelmente, a ração e até mesmo uma alimentação natural em formato de monodieta (sem variação em sua composição por longos períodos) são contrárias à diversidade e saúde intestinal. Para promovermos um intestino saudável, é necessário que o animal entre em contato com alimentos diversos com boa variedade de fibras.

Para contornar essa situação, sugiro a maior variabilidade possível na alimentação dos nossos pets. E, no caso daqueles que comem ração, um mix feeding com vegetais diversos também pode ser uma opção interessante.

Além disso, em casos específicos, e avaliando-se o perfil de cada pet, um profissional da nutrição animal pode indicar suplementos de fibras específicas, probióticos ou mesmo um programa de modulação intestinal, para colocar o terreno biológico do animal em ordem e promover mais saúde.

Mitos da alimentação natural

- É mais saudável que ração

A alimentação natural traz diversos benefícios à saúde, entre eles o maior consumo de água de forma involuntária e maior adequação ao perfil de cada animal, e esse último fator é o que considero ser o principal responsável por esse mito de que a alimentação natural é mais saudável que a ração.

Quando falamos sobre promover saúde através da alimentação, o mais importante é que o animal esteja recebendo um alimento adequado ao seu estado fisiológico e quadro clínico. Como as rações têm suas composições preestabelecidas sem possibilidade de personalização, muitas vezes, é difícil encontrar uma adequada para um caso específico; e nisso a alimentação natural se destaca muito.

Entretanto, há uma situação em que a alimentação natural com certeza será muito inferior às rações comerciais, e aqui eu indicaria que o tutor optasse pela ração de olhos fechados: dietas naturais desbalanceadas e sem a correta suplementação.

Esse tipo de formulação, que não é feita em um programa adequado e que não tenha todos os nutrientes mensurados e corretamente balanceados, como vimos anteriormente, só trará problemas para o animal. Já vi na minha prática cães e gatos tendo sérios problemas de saúde, algumas vezes irreversíveis, por conta de dietas com deficiências nutricionais.

- Posso dividir a minha comida com o meu cão ou gato

Infelizmente, não é bem assim que funciona. Como já vimos, cães e gatos têm necessidades nutricionais bem específicas, e, como o tempo de vida deles é mais curto que o nosso, tudo se desenvolve muito mais rapidamente, inclusive problemas causados por deficiências nutricionais.

Um ser humano pode ficar anos e anos com uma dieta desbalanceada e só sentir os efeitos dessa prática na velhice. É assim nos animais também, mas a velhice deles vem aos sete, oito anos, muito mais rápido do que acontece conosco.

Aí você pode me dizer: "ah, mas dou restos de comida para o meu cão há anos e ele está bem". Sim, acredito em você, mas lhe garanto que a conta vem. O organismo tem diversas formas de compensar problemas nutricionais. Faltou cálcio na alimentação? O corpo tira dos ossos para manter a homeostase do organismo. Faltou algum ácido graxo essencial? O organismo deixa de manter a pele e os pelos bonitos e saudáveis, para que não faltem esses nutrientes onde eles são mais essenciais. Mas tudo tem um limite. Em algum momento, o corpo do animal não vai mais conseguir compensar o desbalanceamento nutricional.

Além de tudo isso, alguns ingredientes bem comuns na nossa alimentação são potencialmente tóxicos para cães, em maior ou menor grau, como por exemplo alho e cebola; falaremos mais sobre ingredientes proibidos adiante.

Exemplos de formulações erradas e seus problemas

O mercado pet ganha cada vez mais força no Brasil e no mundo, e dentro desse mercado uma das áreas de maior destaque é a nutrição. Com o avanço da alimentação natural no país, vemos muitas empresas de fundo de quintal surgindo, comercializando formulações feitas sem critério nenhum, que representam potenciais riscos para os pets, sem que seus tutores desconfiem.

Ao mesmo tempo, vemos alguns profissionais se intitulando nutricionistas ou nutrólogos e passando receitas de dietas totalmente desbalanceadas para que pessoas as produzam em casa. Para alertá-los quanto ao que devem estar atentos, quando forem avaliar um produto comercial para escolher ou quanto ao que exigir do nutricionista que os atende, vamos destacar aqui alguns pontos importantes que devem ser observados.

Ao comprar de uma empresa de alimentação natural

Procure saber quem é o responsável técnico daquela empresa, quem é a pessoa que formulou as dietas comercializadas por ela. Toda empresa de alimentação natural deve ter um veterinário ou zootecnista como responsável técnico. Se a empresa não contar com o respaldo de nenhum desses profissionais, desconfie grandemente.

Depois disso, observe a composição das comidas. **Não existe** alimentação natural completa que não conte com adição de suplementação mineral e vitamínica. Conheço pelo menos uma grande empresa de alimentação natural que não faz a inclusão desse importante ingrediente, alegando que na natureza os cães não consumiriam suplementação. OK! Concordo, e na natureza os cães não viveriam mais de 10 anos em nenhuma hipótese. Exija a suplementação sempre!

Outra questão que podemos observar é o uso de óleos e gorduras. Por mais saudável que possamos achar que é para nós, o azeite e/

ou o óleo de coco sozinhos não constituem boas fontes de gordura para os animais devido ao seu perfil de ácidos graxos. Quando precisamos por qualquer motivo usar algum desses óleos, eles sempre serão combinados com alguma outra fonte de gordura para que a relação ômega6/ômega3 fique adequada.

Ao ser atendido por um nutricionista

Já falamos anteriormente sobre pedir para o profissional o perfil nutricional da dieta. Você também pode observar se na formulação que ele indicou constam os itens mencionados anteriormente: uma suplementação e uma fonte adequada de gorduras.

Outra coisa que não podemos mais aceitar é que o consumo diário do pet seja calculado com base em uma porcentagem do peso dele. Já vi por aí algumas pessoas dizendo que o pet deve comer 3%, 5% ou 10% do seu peso atual em comida. Isso é muito impreciso, visto que, conforme o porte do animal aumenta, sua superfície de contato com o ambiente muda, e isso faz com que ele perca mais ou menos calor para o ambiente, mudando assim seu gasto metabólico. Por isso foi desenvolvido o cálculo de peso metabólico, sobre o qual também já conversamos anteriormente.

Além das diferenças da necessidade de calorias, esse cálculo de porcentagem do peso também ignora a densidade calórica do alimento que será consumido.

Vamos então fazer uma comparação?

Um cão inativo de 5 kg, pelo cálculo de peso metabólico, precisaria de aproximadamente 318 kcal/dia. Se ele comer um alimento de 1.000 kcal/kg, ele precisará de 318 g desse alimento. Se ele comer uma comida com 1.200 kcal/dia, o consumo cairá para 265 g/dia e por aí vai.

Se usarmos o cálculo de porcentagem do peso, a indicação dessa metodologia para um cão desse porte é de 5% do peso atual, então, o consumo diário desse cão será de 250 g/dia, isso para qualquer alimento. Se o alimento tiver 1.600 kcal/dia, o cão consumirá 400 kcal/dia; se o alimento tiver 800 kcal/kg, o mesmo animal consumirá 200 kcal/dia, não parece um problema?

Outro erro muito comum de nutricionistas inexperientes é não formular a dieta em um programa de formulação e sim fazer o cálculo de porcentagem do peso para definir a ingestão diária de alimento, depois dividir o alimento por porcentagem das categorias de ingredientes, por exemplo:

- 30% carnes;
- 35% carboidratos;
- 30% vegetais;
- 5% vísceras.

Essa é uma "fórmula" comum ainda usada por alguns profissionais, apesar de já ter se mostrado muito imprecisa. O problema principal desse tipo de abordagem é que existem muitas diferenças nutricionais entre os ingredientes pertencentes a cada categoria. Mostrarei isso na prática.

Vamos supor que você seja o tutor desse cachorrinho de 5 kg, para o qual foi indicado o consumo de 250 g/dia e a seguinte dieta:

30% de carnes – 75 g: filé mignon suíno, peito de frango, músculo bovino, coxão duro, coxão mole, carne de peru (peito ou coxa desossada), filés de peixe sem espinhas (tilápia, truta, pescada, linguado, abadejo, robalo etc.);

35% de carboidratos – 87,5 g: batata-doce com casca, mandioquinha com casca, mandioca sem casca, arroz integral, arroz parboilizado, batata-inglesa comum;

30% de vegetais – 75 g: brócolis, talo de salsão (aipo) fatiado, abóbora de qualquer tipo, cenoura, pimentão vermelho ou amarelo, chuchu, beterraba, espinafre, rúcula, vagem, repolho-roxo ou verde, ervilha-torta, couve-manteiga, agrião, berinjela, maxixe, jiló, couve-flor e abobrinha;

5% de vísceras – 12,5 g: fígado bovino, de aves ou suíno.

Você poderá escolher então livremente entre os ingredientes citados, e fornecerá a mesma quantidade de cada categoria, independentemente do ingrediente escolhido. Vamos ver como fica o perfil nutricional dessa dieta com duas combinações diferentes de ingredientes dentre os citados.

Primeira opção:

-75 g de músculo bovino + 87,5 g de arroz integral + 75 g de brócolis + 12,5 g de fígado bovino: essa dieta fornece 1.151 kcal/kg, dando ao animal, que consumirá 250 g por dia, 288 kcal por dia.

Segunda opção:

-75 g de tilápia + 87,5 g de batata-inglesa + 75 g de chuchu + 12,5 g de fígado de frango: essa dieta fornece 850 kcal/kg, dando ao animal, que consumirá 250 g por dia, 210 kcal por dia.

Essa diferença representa 30% de redução entre uma opção e outra. É como se um ser humano reduzisse seu consumo de 2.000 kcal/dia para 1.700 kcal/dia. É muita diferença. Isso só citando a questão das calorias. Se eu lhe disser ainda que a segunda dieta tem 12 g de proteína bruta a menos que a primeira dieta? Isso porque carne bovina e de peixe são bem diferentes nutricionalmente, em questão de proteína bruta, de aminoácidos; e se eu entrar na questão do perfil das gorduras a coisa fica ainda mais complicada.

A alimentação natural começou devagar, não tínhamos ainda todas as informações que temos hoje, e o que era aceitável lá no começo não pode ser mais aceito hoje em dia. Tanto é que alguns dos profissionais responsáveis por difundir esse tipo de dieta por aqui já não trabalham mais nesse modelo; só se manteve nessa fórmula de dieta quem não se atualizou mais. Então, como tutores, na minha opinião, não devemos aceitar que um profissional que nos atenda nos entregue esse tipo de dieta.

Claro, a minha função aqui é fornecer as informações para que depois você tome suas próprias decisões. Só é importante que essas decisões sejam feitas de forma consciente, considerando-se os riscos envolvidos.

7- Tipos de comedouros e suas aplicações

A grande variedade de tipos de comedouros no mercado não é à toa. Existem diferentes tipos para diferentes necessidades, e vou abordar aqui alguns pontos importantes a serem considerados.

Primeiro, prefira sempre potes de cerâmica, vidro ou aço inox, são materiais mais higiênicos que o plástico, que tem microranhuras que permitem o acúmulo de bactérias, podendo configurar um ponto de perigo para a saúde do seu pet. Ainda que escolha os melhores materiais, não se esqueça de lavar diariamente o pote do seu pet com água e sabão de coco.

A única concessão que eu faço para potes de plástico é para o uso de comedouros lentos, difíceis de serem encontrados de outros materiais.

Esse tipo de pote é ideal para cães que comem rápido demais, o que pode levar a engasgos e até mesmo vômitos logo após o consumo do alimento. Usar um comedor lento (com obstáculos) para esses animais reduz a velocidade de ingestão da comida.

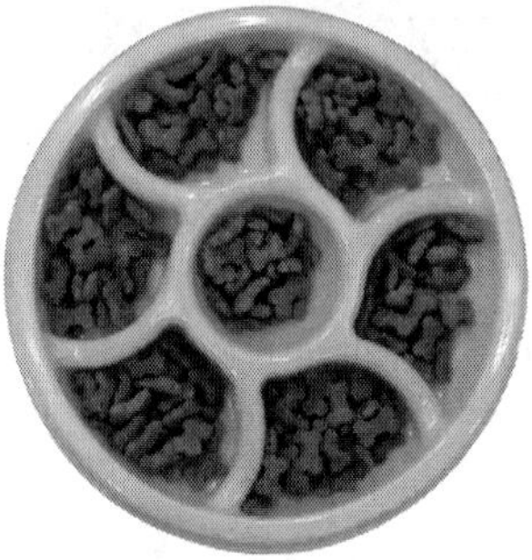

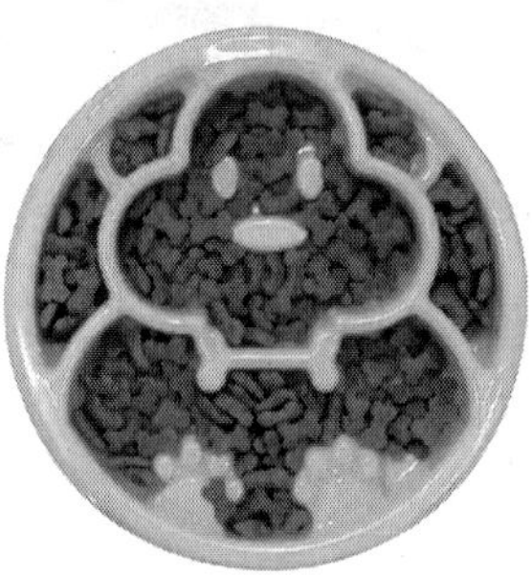

Se for possível encontrar um comedor lento em cerâmica, seria o melhor dos dois mundos.

Pet games também são uma opção incrível para alimentar nossos cães, para que eles trabalhem pela comida, com gasto de energia e um estímulo mental muito interessante. É ótimo para o bem-estar deles e ajuda a controlar a obesidade. Seguem alguns exemplos:

8 - Temperatura do alimento

Não existe uma regra quanto à melhor temperatura para oferecer o alimento ao seu cão, contanto que esteja suportável ao toque, como você ofereceria para um bebê.

Muitos animais aceitam normalmente comidas mais frias ou à temperatura ambiente, que é sempre minha forma de oferta de escolha. Aquecer demais os alimentos, além de expor os animais ao risco de queimaduras, ainda pode alterar a qualidade da suplementação presente na comida.

Muitas vitaminas sofrem desnaturação com o calor excessivo. Então, aquecer uma comida já suplementada pode levar a perdas nutricionais importantes.

9 - Receitas de petiscos passo a passo

Agora que já temos todos os conceitos alinhados para uma boa nutrição dos nossos pets, o que podemos oferecer para eles como um petisco saudável e que não vai desbalancear toda a dieta que você estudou tanto para fornecer para ele?

Petiscos podem ser frutas, legumes cozidos ou mesmo receitas caseiras saudáveis que você mesmo pode produzir para ele. Eu aconselharia a evitar os petiscos comerciais, principalmente os biscoitos cuja base são farinhas altamente processadas. Em termos de petiscos comerciais, dê preferência às carnes desidratadas, aos cascos bovinos, às orelhas suínas, ou seja, tudo que tende mais para o natural.

Além da questão do consumo de calorias, fornecer petiscos todos os dias faz com que eles percam seu valor aos olhos dos pets. Então, na minha concepção, eles devem constituir um agrado ocasional, não devem ser parte da rotina diária. Você terá melhores resultados em treinamentos ou usando petiscos como enriquecimento ambiental, quando for deixar seu pet sozinho em casa, se o petisco for algo reservado apenas para essas situações, por exemplo.

A seguir, aprenderemos algumas receitas saudáveis e cheias de nutrientes e ingredientes funcionais, que você mesmo pode fazer em casa.

IMPORTANTE: petiscos devem corresponder a um máximo de 10% da ingestão de calorias diárias do seu pet. Então, se o consumo de calorias calculado para ele no dia é de 330 kcal, você dará 300 kcal vindas da comida principal e 30 kcal provenientes dos petiscos.

Tortinha crocante de banana

A banana é um ingrediente com diversas funcionalidades e cada ponto do seu amadurecimento é especialmente benéfico para uma questão diferente no organismo.

Quando ainda está um pouco verde, ela é uma ótima fonte de fibras prebióticas, constituindo um apoio fantástico à saúde intestinal.

No início do seu amadurecimento, quando está bem amarelinha, seu nível de açúcares está mais baixo e as fibras bem altas. É nessa fase também que temos maior concentração de compostos que promovem bem-estar estimulando a produção de serotonina.

Quando a banana começa a escurecer levemente, seu nível de antioxidantes está mais alto e ainda temos uma boa quantidade de fibras.

Quando a casca já está escurecida, mas ainda não totalmente, o teor de potássio se faz mais presente e concentrado e a digestão é mais facilitada.

Na fase final de amadurecimento, logo antes de estragar, é quando encontramos a maior concentração de compostos anticancerígenos, aqueles que vão aumentar a apoptose de células neoplásicas.

Ingredientes

- 100 g de bananas-nanicas maduras
- 1 maçã
- 10 g de farelo de aveia
- 10 g de aveia em flocos
- 5 g de gergelim

Modo de preparo

Descasque a maçã e corte-a em pedaços bem pequenos. Coloque em uma panela, cubra com água fria e cozinhe até ficar bem macia. Retire a maçã da panela e amasse com um garfo para formar um purê.

Misture esse purê ao farelo de aveia e à aveia em flocos. Por cima, disponha as bananas cortadas em fatias. Polvilhe com o gergelim e sirva.

A receita completa contém aproximadamente 210 kcal.

Bolinho de carne e batata

Essa é uma receita rica em proteína e muito versátil, pois você pode substituir a proteína e o vegetal por outras opções, caso o seu pet tenha alergias alimentares que impeçam o consumo de algum desses ingredientes originais da receita.

Ingredientes

- 170 g de músculo bovino ou peito de frango cozido (pode substituir por filé-mignon suíno, peru ou carne de cordeiro)

- 80 g de cenoura cozida (pode ser substituída por abóbora, beterraba, abobrinha)

- 50 g de flocos de batata desidratada

- água suficiente para dar liga

Modo de preparo

Triture a carne e a cenoura em um processador de alimentos até formar um purê.

Misture todos os ingredientes em uma vasilha até formar uma massa que desgrude das mãos.

Enrole em bolinhas do tamanho de bolas de gude e amasse levemente como um hambúrguer.

Asse em forno a 180 °C por 20 minutos.

Cada unidade contém aproximadamente 30 kcal (varia um pouco conforme o tamanho de cada bolinha e o corte de carne escolhido para a receita).

Bolinhas de frango

Esse é um petisco baixo em calorias e com potencial para agradar igualmente cães e gatos. É necessário cuidado para oferecê-lo a animais com alergias alimentares, já que o frango possui alto peso molecular e alta concentração de ácidos graxos da série ômega-6. Se você não tem certeza de que essa é uma boa opção para o seu pet, substituía a carne de frango por peru (a carne de peru in natura, nunca a embutida)

Ingredientes

- 1 xícara de peito de frango moído cozido

- ½ xícara de manjericão fresco picado

- ¼ de xícara de iogurte integral natural (busque por iogurtes com apenas dois ingredientes, leite e fermento, qualquer um que tenha mais ingredientes que isso não é muito adequado)

Modo de preparo

Misture todos os ingredientes em uma tigela. Com as mãos, coloque pequenos pedaços da mistura em uma forma untada. Asse a 180 °C de 20 a 30 minutos.

A receita completa contém aproximadamente 240 kcal. Divida esse número pela quantidade de bolinhas que a massa render para ter o valor calórico da unidade.

Turkey Delight

Peru é uma ótima fonte de proteína para cães. Além de ter alto teor de proteína bruta, é rico em triptofano, aminoácido precursor da serotonina, que promove bem-estar e felicidade, além de regular o sono e o estresse.

Ingredientes

- 1 xícara de peru moído
- 1 ovo
- 1 colher de chá de salsa picada
- ¼ de xícara de queijo cottage
- ½ xícara de batata-doce cozida, sem casca e amassada como purê

Modo de preparo

Misture todos os ingredientes em um processador de alimentos e bata até formar uma pasta grossa.

Separe a massa em bolinhas de aproximadamente um centímetro, achatando-as levemente em uma forma untada ou sobre um tapete de assar cookies.

Leve ao forno a 180 °C por 30 minutos ou até dourar. Espere esfriar para oferecer aos pets.

Armazene na geladeira por 10 dias ou congele por até 60 dias.

A receita completa contém aproximadamente 300 kcal. Divida esse número pela quantidade de biscoitos que a massa render para ter o valor calórico da unidade. Esse não é um petisco adequado para cães com problemas renais ou qualquer outra patologia que exija restrição proteica.

Bolinhos de repolho

Cuidado ao oferecer esse petisco para pets que têm tendência à formação de gases, pode não ser uma boa nesses casos. Para os demais animais, o repolho é rico em quercetina, um antioxidante potente com efeitos anti-inflamatórios e antimicrobianos. Tem comprovado efeito neuroprotetor e reduz a gravidade de dermatites atópicas.

Ingredientes

- ½ repolho picado
- 2 ovos
- Farinha de aveia suficiente para dar um ponto cremoso

Modo de preparo

Cozinhe o repolho e deixe esfriar. Bata as claras dos ovos em neve e junte as gemas. Misture a aveia ao ovo aos poucos até ficar consistente, junte o repolho.

Coloque em medidas de uma colher em uma folha de assar cookies, em uma assadeira, e leve ao forno a 180 °C até dourar.

A receita completa contém aproximadamente 500 kcal. Divida esse número pela quantidade de bolinhas que a massa render para ter o valor calórico da unidade.

Chia Chunks

As sementes de chia são riquíssimas em antioxidantes, incluindo: ácido clorogênico, ácido cafeico, miricetina, quercetina e kaempferol. Essas substâncias têm entre seus principais benefícios redução da resistência insulínica, redução do crescimento de tumores, ação neuroprotetora e anti-inflamatória.

Ingredientes

- Sementes de chia

-Peito de frango ou filé mignon suíno em cubos

Modo de preparo

Corte a carne em cubos de 1cm x 1cm, "empane" a carne nas sementes de chia, asse em fogo médio de 15 a 20 minutos.

Ofereça com moderação. Cada pedaço deve conter em torno de 60 kcal. Esse não é um petisco adequado para cães com problemas renais ou qualquer outra patologia que exija restrição proteica.

Muffin de sardinha

Peixes de águas frias, como a sardinha, são ricos em EPA e DHA, ácidos graxos da série ômega 3 com potente ação anti-inflamatória, neuroprotetora, promotora da saúde da pele e essencial para o desenvolvimento cognitivo de filhotes.

Ingredientes

- 1 xícara de farelo de aveia

- 1 ovo

- 1 xícara de sardinha inteira (deixar a cabeça, limpar apenas a barrigada), cozida e triturada – prefira a sardinha fresca à enlatada. Se for usar sardinha em lata, opte pelas conservadas em água.

- Salsinha picada a gosto

- Água suficiente para dar liga

Modo de preparo

Misture todos os ingredientes em um processador de alimentos e vá adicionando mais água ou farelo de aveia conforme necessário para a massa desgrudar do pote.

Separe a massa em bolinhas de aproximadamente um centímetro em uma forma untada ou sobre um tapete de assar cookies ou então distribua em uma forma de assar muffins.

Leve ao forno a 180 °C por 30 minutos ou até dourar. Espere esfriar para oferecer aos pets.

Armazene na geladeira por 10 dias ou congele por até 60 dias.

A receita completa contém aproximadamente 400 kcal. Divida esse número pela quantidade de bolinhos que a massa render para ter o valor calórico da unidade.

Timbales de papaia

O mamão em qualquer das suas variações é uma fruta segura e nutritiva para pets.

Seu composto de destaque é a papaína, com potente ação potencializadora da digestão. É uma forte aliada para cães com os mais diversos problemas digestivos, desde insuficiência pancreática até doença inflamatória intestinal. Incluir o mamão na medida certa pode ser a ajuda que faltava no controle desses problemas.

Ingredientes

- 80 g de mamão-papaia
- 80 g de melão
- 25 g de farelo de aveia
- 10 g de amendoim cru com casca e sem sal, triturado

- 30 g de melaço
- 4 g de gergelim

Modo de preparo

Corte o mamão e o melão em pequenos quadrados, descartando a casca e as sementes.

Em um recipiente, junte o farelo de aveia e o amendoim triturado. Acrescente algumas gotas de água filtrada para formar uma pasta espessa.

Com a ajuda de um molde vazado, faça uma base com essa pasta de aveia e amendoim, disponha por cima uma camada de melão e finalize com uma camada de mamão.

Acrescente um pouco de melaço e polvilhe com o gergelim.

A receita contém 350 kcal e pode ser tranquilamente dividida entre você e o seu pet, eu recomendo.

Muffin de espinafre

O espinafre contém vários fitonutrientes com propriedades antioxidantes, incluindo flavonóis, polifenóis e ácido alfa-lipoico.

Esse vegetal fornece ao seu pet vitaminas do complexo B, que têm inúmeras funções em seu corpo – desde regular o metabolismo energético e a função enzimática até melhorar a resposta imunológica.

Um estudo publicado no The FASEB Journal mostrou que o ácido alfa-lipoico pode ajudar a melhorar a capacidade de aprendizado de cães entre sete e nove anos, retardando o envelhecimento celular e a deterioração mitocondrial.

Ingredientes

- 1 xícara de farelo de aveia

- 1 xícara de músculo moído

- 2 ovos

- 1 xícara de espinafre cozido

- 1 xícara de purê de cenoura

Modo de preparo

Misture todos os ingredientes em um processador de alimentos e vá adicionando mais aveia conforme necessário para a massa desgrudar do pote.

Forre uma assadeira de muffins com forminhas de papel e preencha com a massa (ela não cresce muito).

Leve ao forno a 180 ºC por 15 a 20 minutos, ou até que espete com um palito e este esteja seco. Espere esfriar para oferecer aos pets.

Armazene na geladeira por 10 dias ou congele por até 60 dias.

A receita completa contém aproximadamente 650 kcal. Divida esse número pela quantidade de muffins quc a massa render para ter o valor calórico da unidade.

Salgadinhos de coração

O frango é bem conhecido pelo seu alto teor de proteína bruta. Esse macronutriente compõe todas as partes do corpo do animal, desde a pele e o pelo até o cérebro e os demais órgão internos.

Entretanto, o frango contém altas concentrações de ácido graxo ômega 6, que é essencial, mas, como já falamos anteriormente, deve ser balanceado com quantidades corretas de ômega 3, EPA e DHA.

Ingredientes

- 30 g de coração de frango cozido

- 100 g de tomates cozidos sem pele
- 100 g de farinha de aveia
- 1 colher de chá de salsa fresca
- Água do cozimento do coração

Modo de preparo

Cozinhe o coração em uma panela com água suficiente para cobri-lo. Reserve a água do cozimento.

No liquidificador, junte o coração cozido, os tomates e bata até formar um purê.

Em uma tigela, junte o purê obtido com a farinha de aveia e a água do cozimento do coração suficiente para dar liga.

Abra a massa entre duas folhas de plástico-filme e corte em pequenos biscoitos (quanto menor melhor, sempre).

Leve ao forno a 180 °C por 30 minutos ou até dourar. Espere esfriar para oferecer aos pets.

Armazene na geladeira por 10 dias ou congele por até 60 dias.

A receita completa contém aproximadamente 480 kcal. Divida esse número pela quantidade de biscoitos que a massa render para ter o valor calórico da unidade.

Bolinhas de sementes

Além de serem fontes de fibras, as sementes e castanhas, que podem ser seguramente consumidas pelos nossos pets, são ricas em minerais e vitaminas.

Elas também são ricas em antioxidantes, incluindo ácido clorogênico, ácido cafeico, miricetina, quercetina e kaempferol.

Ingredientes

- 6 colheres de sopa de farinha de amêndoas
- 2 colheres de sopa de sementes de girassol
- 2 colheres de sopa de sementes de abóbora
- 2 colheres de sopa de sementes de gergelim
- 2 colheres de sopa de sementes de chia
- 1 ovo

Modo de preparo

Misture todas as sementes em um processador de alimentos.

Transfira as sementes moídas para uma tigela. Adicione a farinha de amêndoas e o ovo e misture bem.

Unte as mãos com óleo de coco ou manteiga e enrole a mistura de sementes em bolinhas de aproximadamente um centímetro de diâmetro.

Coloque sobre uma folha de papel-manteiga, em uma assadeira e leve ao forno a 180 °C de 20 a 30 minutos.

A receita inteira contém 570 kcal. Divida esse número pela quantidade de bolinhas que a massa render para ter o valor calórico da unidade.

Bolinhos de salmão

O salmão é um peixe rico em EPA e DHA. Além disso, por se alimentar de algas ricas em astaxantina, a carne do salmão é rica nesse componente, um antioxidante e anti-inflamatório com propriedades anticancerígenas e antidiabéticas.

Procure sempre pelo salmão verdadeiro, evitando os criados em cativeiro ou a truta salmonada, que simplesmente não são tão nutritivos quanto o salmão real, capturado da natureza.

Ingredientes

- 1 xícara de farelo de aveia
- 1 ovo
- 1 xícara de salmão cozido e triturado
- Coentro picado a gosto
- Água suficiente para dar liga

Modo de preparo

Misture todos os ingredientes em um processador de alimentos e vá adicionando mais água ou farelo de aveia conforme necessário para a massa desgrudar do pote.

Separe a massa em bolinhas de aproximadamente um centímetro em uma forma untada ou sobre um tapete de assar cookies ou então distribua em uma forma de assar muffins.

Leve ao forno a 180 °C por 30 minutos ou até dourar. Espere esfriar para oferecer aos pets.

Armazene na geladeira por 10 dias ou congele por até 60 dias.

A receita completa contém aproximadamente 460 kcal. Divida esse número pela quantidade de bolinhos que a massa render para ter o valor calórico da unidade.

Cottage lovers

O queijo cottage possui quantidades baixas de lactose. Sendo assim, cães saudáveis, que não tenham nenhuma intolerância previamente identificada a queijos, lidarão superbem com a sua digestão.

Esse queijo é uma ótima fonte de proteína, além de ser rico em cálcio e com baixo teor de gorduras.

Ingredientes

- ½ xícara de queijo cottage
- 1 xícara de farinha de batata-doce
- 1 colher de sopa de salsinha fresca picada

Modo de preparo

Misture todos os ingredientes, a massa pode ficar grumosa, mas está tudo certo, isso não é um problema.

Separe a massa em bolinhas de aproximadamente um centímetro, achatando-as levemente em uma forma untada ou sobre um tapete de assar cookies.

Leve ao forno a 180 °C por 40 minutos ou até dourar. Espere esfriar para oferecer aos pets.

Armazene na geladeira por 10 dias ou congele por até 60 dias.

A receita completa contém aproximadamente 230 kcal. Divida esse número pela quantidade de biscoitos que a massa render para ter o valor calórico da unidade.

Muffin de batata-doce

A batata-doce contém fitoquímicos que trazem diversas ações benéficas à saúde, com propriedades antioxidantes, anti-inflamatórias, antimicrobianas, imunomoduladoras e antiúlcera.

Por ser rica em vitamina A, a batata-doce ainda ajuda a prevenir disfunção cognitiva e promove a saúde da pele e dos olhos.

Ingredientes

- 1 batata-doce grande, descascada, cozida e amassada
- 2 ovos
- 1 xícara de farinha de coco
- ¼ de xícara de iogurte natural não adoçado
- ½ colher de chá de gengibre em pó

Modo de preparo

Misture todos os ingredientes e separe a massa em bolinhas de aproximadamente um centímetro em uma forma untada ou sobre um tapete de assar cookies, ou então distribua em uma forma de assar muffins.

Leve ao forno a 180 °C por 20 minutos ou até dourar. Espere esfriar para oferecer aos pets.

Armazene na geladeira por 10 dias ou congele por até 60 dias.

A receita completa contém aproximadamente 700 kcal. Divida esse número pela quantidade de bolinhos que a massa render para ter o valor calórico da unidade.

Bites de porco

A carne de porco é uma excelente fonte de proteína inédita para muitos cães, o que a torna uma boa opção em dietas de restrição (que usamos em animais com suspeitas de alergias alimentares ou com comprovada alergia).

Ela contém todos os aminoácidos necessários e em nível ótimo para constituir células, tecidos e órgãos, bem como para manter as funções fisiológicas adequadas.

Alguns dos ácidos graxos encontrados na carne de porco podem ajudar a melhorar a saúde do seu pet nos seguintes pontos:

- Combatendo a inflamação.

- Melhorando a saúde cardiovascular.

- Promovendo a função renal saudável.

- Reduzindo o risco de osteoartrite.

Ingredientes

- 1 xícara de filé mignon suíno cozido e moído

- 1 ovo

- 2 colheres de sopa de sementes moídas (gosto de usar semente de linhaça e de chia, mas você pode variar com aveia, sementes de girassol, de abóbora, nozes ou castanha-de-caju, sempre sem casca e trituradas)

Modo de preparo

Misture todos os ingredientes em um processador de alimentos.

Separe a massa em bolinhas de aproximadamente um centímetro, achatando-as levemente em uma forma untada ou sobre um tapete de assar cookies.

Leve ao forno a 180 °C por 30 minutos ou até dourar. Espere esfriar para oferecer aos pets.

Armazene na geladeira por 10 dias ou congele por até 60 dias.

A receita completa contém aproximadamente 260 kcal (varia um pouco conforme as sementes ou castanhas escolhidas). Divida esse número pela quantidade de biscoitos que a massa render para ter o valor calórico da unidade.

Biscoito de manteiga de amendoim

Muito cuidado com a manteiga de amendoim! Os cães costumam amar, é uma fonte saudável de ácidos graxos da série ômega-6, mas por isso mesmo deve ser consumida com moderação. Quando elevamos muito a relação ômega-6/ômega-3 — fornecendo muito mais do primeiro que do segundo —, criamos no organismo uma resposta pró-inflamatória. Além de ser um ingrediente bem calórico.

Se seu cãozinho tem problemas de pele, alergias alimentares ou alguma doença metabólica, é melhor evitar esse petisco.

Ingredientes

- 120 ml de água filtrada
- 3 colheres de sopa de manteiga de amendoim não adoçada
- 150 g de farelo de aveia

Modo de preparo

Misture todos os ingredientes até formar uma massa que desgrude das mãos. Adicione mais farinha ou água conforme necessário para dar o ponto ideal.

Coloque a massa entre dois plásticos e abra com um rolo de massa, corte com auxílio de um molde ou com uma faca em desenho livre.

Asse por 30 minutos a 180 °C ou até que os biscoitos fiquem ligeiramente dourados e firmes.

A receita completa contém aproximadamente 780 kcal. Divida esse número pela quantidade de biscoitos que a massa render para ter o valor calórico da unidade.

Delícias de canela

A canela é uma especiaria aromática rica em flavonoides como eugenol, hesperidina e linalool, que tem excelentes propriedades anti-inflamatórias e antioxidantes.

ATENÇÃO: alguns animais podem apresentar sensibilidade à canela, que se manifesta pela formação de gases ocasionada pelo aumento da fermentação que ocorre devido à redução da ação enzimática na digestão de carboidratos. Caso seu animal apresente gases ao consumir canela, suspenda o fornecimento. Por outro lado, esse efeito pode ser benéfico para cães com diabetes.

As mesmas propriedades que reduzem a digestão da canela também melhoram a resistência insulínica e à leptina (substância responsável pela sensação de saciedade, logo é ótima para cães excessivamente gulosos); retarda o esvaziamento gástrico e melhora a disfunção cognitiva.

Ingredientes

- 120 g de farelo de aveia
- 140 g de aveia em flocos
- 4 colheres de sopa de óleo de girassol prensado a frio
- 230 ml de caldo de frango (caldo do cozimento do frango ou outra proteína de sua escolha, não caldos em pó industrializados)
- 200 g de cenoura ralada
- 2 colheres de sopa de canela em pó

Modo de preparo

Misture primeiramente a farinha, a canela e a aveia. Em outro recipiente, misture o óleo de girassol, o caldo de proteína e a cenoura ralada. Por último, incorpore aos poucos os ingredientes úmidos aos secos.

Coloque a massa entre dois plásticos e abra com um rolo de massa, corte com auxílio de um molde ou com uma faca em desenho livre.

Asse por 30 minutos a 180 °C ou até que os biscoitos fiquem ligeiramente dourados e firmes.

A receita completa contém aproximadamente 1.600 kcal. Divida esse número pela quantidade de biscoitos que a massa render para ter o valor calórico da unidade.

Cookies de maçã e mel

O mel é um superalimento que a natureza nos dá. Alguns benefícios comprovados que podemos citar são: rico em potássio, vitaminas e polifenóis, cheio de propriedades antioxidantes e anti-inflamatórias, ajuda a reduzir o colesterol e prevenir doenças cardiovasculares.

Ingredientes

- 1 maçã
- 150 g de farelo de aveia
- 50 g de gérmen de trigo tostado
- 10 g de farinha de aveia
- 5 g de mel
- água filtrada

Modo de preparo

Lave bem a maçã e corte em pedaços mantendo a casca. Coloque em uma panela, cubra com água e cozinhe até ficar bem macia. Retire a maçã da panela desprezando a água e amasse a fruta com um garfo para formar um purê.

Em um recipiente, misture o purê de maçã, o farelo de aveia, o gérmen de trigo e a farinha de aveia.

Acrescente o mel e misture bem, adicionando a água filtrada aos poucos até formar uma massa que desgrude das mãos.

Coloque a massa entre dois plásticos e abra com um rolo de macarrão. Corte com auxílio de um molde ou com uma faca em desenho livre.

Coloque os biscoitos em uma assadeira untada e asse em forno a 160 °C por 30 minutos.

A receita completa contém aproximadamente 450 kcal. Divida esse número pela quantidade de biscoitos que a massa render para ter o valor calórico da unidade.

Biscoito de peixe

Mais uma receita trazendo peixes de água fria para a saúde neurológica e cardíaca do seu bichinho. Aumentamos ainda mais o aporte de EPA e DHA usando o peixe inteiro, com cabeça, tirando apenas a barrigada.

Ingredientes

- 1 xícara de farinha de aveia

- 1 xícara de fécula de batata

- ½ xícara de farelo de aveia

- 1 xícara de sardinhas inteiras cozidas e trituradas em um processador de alimentos

- 1 ovo

- ½ xícara de água

Modo de preparo

Misture todos os ingredientes em uma vasilha até se tornar uma massa lisa e homogênea.

Abra a massa em uma superfície polvilhada até ficar com aproximadamente meio centímetro de espessura.

Com um molde corte a massa e disponha os biscoitos em uma assadeira untada.

Asse a 180 °C por cerca de 20 a 25 minutos.

A receita completa contém aproximadamente 1.100 kcal. Divida esse número pela quantidade de biscoitos que a massa render para ter o valor calórico da unidade.

Cookies de Shitake

Os cogumelos medicinais são uma boa fonte de poliaminas, que se ligam a moléculas carregadas negativamente como DNA, RNA e proteínas.

De acordo com um estudo publicado na Revista Aging, as poliaminas "desempenham múltiplos papéis no crescimento, na sobrevivência e proliferação celular. Mudanças nos níveis de poliamina têm sido associadas ao envelhecimento e a doenças."

Os níveis de poliamina diminuem com a idade, e é por isso que obtê-los de fontes alimentares é crucial para a longevidade do seu animal de estimação.

Ingredientes

- ½ xícara de shitake cozido e picado
- ¼ de xícara de sementes cruas de abóbora, sem sal e sem casca
- 1 ovo

- 1 xícara de músculo bovino cozido, moído

Modo de preparo

Misture todos os ingredientes em um processador de alimentos e bata até homogeneizar.

Separe a massa em bolinhas de aproximadamente um centímetro, achatando-as levemente em uma forma untada ou sobre um tapete de assar cookies.

Leve ao forno a 180 °C por 30 minutos ou até dourar.

A receita completa contém aproximadamente 470 kcal. Divida esse número pela quantidade de biscoitos que a massa render para ter o valor calórico da unidade.

Biscoito Mirepoix

O aipo é rico em diversas vitaminas do complexo B, vitamina C e uma maravilhosa fonte de fibra dietética. Além de proporcionar sabor e cor ao alimento, contém uma série de fitoquímicos com poderosas ações antioxidantes. A apigenina é seu principal componente fitoterápico que pode ajudar no controle da glicemia e dar apoio à saúde da tireoide. Também já foi demonstrado em estudos suas incríveis propriedades neuroprotetoras.

O aipo é um dos ingredientes da "Santíssima Trindade" da culinária francesa, junto com a cebola e a cenoura. A combinação desses três vegetais é chamada de mirepoix e constitui a base para muitos pratos franceses. Não devemos jamais dar cebola aos nossos pets, então, nessa receita, faremos uma adaptação.

Ingredientes

- 1 cenoura cozida e triturada

- ¼ de xícara de aipo finamente picado

- 1 ovo
- farelo de aveia suficiente para dar liga

Modo de preparo

Misture todos os ingredientes em um processador de alimentos e bata até ficar uma mistura bem homogênea. Adicione mais um ovo ou mais farelo de aveia conforme necessário para dar o ponto de desgrudar do recipiente.

Separe a massa em bolinhas de aproximadamente um centímetro, achatando-as levemente em uma forma untada ou sobre um tapete de assar cookies.

Leve ao forno a 180 °C por 30 minutos ou até dourar.

A receita completa contém aproximadamente 400 kcal. Divida esse número pela quantidade de biscoitos que a massa render para ter o valor calórico da unidade.

Biscoitos de frutas vermelhas

Ricas em antioxidantes, flavonoides e diversos outros compostos benéficos à saúde, as frutas vermelhas — como amoras, framboesas, morangos e mirtilos — são fantásticas para a saúde do seu pet. A receita abaixo fornecerá todos esses nutrientes.

Ingredientes

- 1 xícara de farelo de aveia
- 1 ovo
- 1 xícara de frutas vermelhas frescas ou congeladas
- Salsinha picada a gosto
- Água suficiente para dar liga

Modo de preparo

Misture todos os ingredientes em um processador de alimentos e vá adicionando mais água ou farelo de aveia conforme necessário para a massa desgrudar do pote. O ponto da massa vai depender muito da umidade das frutas, por isso pode ser necessária mais água ou mais aveia.

Separe a massa em bolinhas de aproximadamente um centímetro, achatando-as levemente em uma forma untada ou sobre um tapete de assar cookies.

Leve ao forno a 180 °C por 30 minutos ou até dourar. Espere esfriar para oferecer aos pets.

Armazene na geladeira por 10 dias ou congele por até 60 dias.

A receita completa contém aproximadamente 350 kcal. Divida esse número pela quantidade de biscoitos que a massa render para ter o valor calórico da unidade.

Biscoito verde superpower

A spirulina, alga ultranutritiva que usaremos nesse petisco, pode ser encontrada em lojas de produtos naturais. Ela contém um espectro completo de aminoácidos que são absorvidos rapidamente na corrente sanguínea do seu pet.

Além disso, a spirulina é cerca de 60% de proteína em sua forma natural, por isso, contém mais proteína por grama do que carne bovina, por exemplo. É também uma fonte de ácidos graxos, antioxidantes e fitonutrientes. É um alimento integral maravilhoso para animais de estimação.

Ingredientes

- 1 batata-doce

- 1 ovo
- 1 colher de sopa de spirulina
- Farinha de aveia suficiente para dar liga

Modo de preparo

Misture todos os ingredientes em um processador de alimentos e vá adicionando farinha de aveia conforme necessário para a massa desgrudar do pote.

Separe a massa em bolinhas de aproximadamente um centímetro, achatando-as levemente em uma forma untada ou sobre um tapete de assar cookies.

Leve ao forno a 180 °C por 30 minutos ou até dourar. Espere esfriar para oferecer aos pets.

Armazene na geladeira por 10 dias ou congele por até 60 dias.

A receita completa contém aproximadamente 650 kcal. Divida esse número pela quantidade de biscoitos que a massa render para ter o valor calórico da unidade.

Biscoitos de cenoura

Cheia de betacaroteno, ótimo para a saúde ocular e para aumentar a resposta imunológica, a cenoura é uma bomba nutricional.

Além dos nutrientes, as cenouras ainda possuem poliacetilenos, uma classe orgânica de compostos que possuem benefícios antimicrobianos, antimicobacterianos que desempenham um papel fundamental na desintoxicação de micotoxinas.

Ingredientes

- 1 cenoura cozida

- 1 ovo

- Farelo de aveia suficiente para dar liga

Modo de preparo

Misture todos os ingredientes em um processador de alimentos e vá adicionando mais farelo de aveia conforme necessário para a massa desgrudar do pote. O ponto da massa vai depender muito da umidade das cenouras, por isso pode ser necessária mais aveia.

Separe a massa em bolinhas de aproximadamente um centímetro, achatando-as levemente em uma forma untada ou sobre um tapete de assar cookies.

Leve ao forno a 180 °C por 30 minutos ou até dourar. Espere esfriar para oferecer aos pets.

Armazene na geladeira por 10 dias ou congele por até 60 dias.

A receita completa contém aproximadamente 430 kcal. Divida esse número pela quantidade de biscoitos que a massa render para ter o valor calórico da unidade.

Biscoitos rosa do amor

A beterraba é considerada uma das fontes mais ricas em betaína dentre os vegetais. A betaína é um excelente agente antioxidante, com poder neuroprotetor, aumentando os níveis de glutationa no organismo, essencial para combater os radicais livres que levam ao estresse no organismo e ao envelhecimento precoce.

Além disso, os carotenoides presentes na beterraba, como a luteína e o betacaroteno, têm ação anticancerígena e imunoestimulante.

Ingredientes

- 1 beterraba cozida e triturada

- 1 ovo

- Farinha de arroz suficiente para dar liga

Modo de preparo

Misture todos os ingredientes em um processador de alimentos e vá adicionando mais farinha de arroz conforme necessário para a massa desgrudar do pote.

Separe a massa em bolinhas de aproximadamente um centímetro, achatando-as levemente em uma forma untada ou sobre um tapete de assar cookies.

Leve ao forno a 180 °C por 30 minutos ou até dourar. Espere esfriar para oferecer aos pets.

Armazene na geladeira por 10 dias ou congele por até 60 dias.

A receita completa contém aproximadamente 450 kcal. Divida esse número pela quantidade de biscoitos que a massa render para ter o valor calórico da unidade.

Golden cookies

A cúrcuma tem diversas aplicações funcionais, dentre elas:

- Potente anti-inflamatório.
- Reduz crescimento tumoral.
- Reduz possibilidade de metástase.
- Excelente para doenças autoimunes.
- Reduz resistência insulínica.

Ingredientes

- 2 colheres de sopa de iogurte natural

- ¼ de colher de chá de açafrão real
- 3 xícaras de farinha de aveia
- 1 colher de chá de bicarbonato de sódio
- ½ xícara de manteiga amolecida
- 1 ovo levemente batido

Modo de preparo

Misture o açafrão ao iogurte.

Preaqueça o forno a 180 °C.

Misture a farinha de aveia e o bicarbonato de sódio.

Bata a manteiga até amolecer.

Em uma tigela pequena, misture a mistura de açafrão e iogurte com o ovo.

Adicione à mistura de ovos a manteiga e bata, raspando a tigela conforme necessário.

Adicione à mistura de farinha a mistura de manteiga aos poucos, mexendo até que a farinha seja incorporada.

Refrigere até ficar firme (30-45 minutos). Mas, se for impaciente como eu, coloque no freezer por 15 minutos.

Despeje, usando uma colher de sopa, na assadeira untada e asse de 12 a 14 minutos. Deixe descansar na assadeira por alguns minutos.

Armazene na geladeira por até 20 dias ou congelado por três meses.

A receita completa contém aproximadamente 500 kcal. Divida esse número pela quantidade de biscoitos que a massa render para ter o valor calórico da unidade.

Cookies de couve-flor

Assim como outros vegetais da classe das crucíferas (brócolis, couve-de-bruxelas, couve- manteiga), a couve-flor é uma rica fonte de carotenoides, tocoferois e vitamina C, conhecidos por ajudar a proteger contra danos causados por espécies reativas do oxigênio, com o qual nós e nossos cães temos contato todo o tempo.

Além disso, esses vegetais são fontes de antimutagênicos que podem ajudar a minimizar os riscos de câncer de acordo com diversos estudos.

O sulforafano, presente nas crucíferas, ajuda a proteger contra toxinas, a controlar epilepsia, encefalopatia hepática e lesões na medula espinhal. Um estudo recente ainda apontou que o sulforafano protege a aptidão da memória.

Ingredientes

- ½ xícara de shitake cozido e picado
- ½ xícara de couve-flor cozida no vapor e picada
- ¼ de xícara de sementes de abóbora cruas, sem sal
- 1 ovo
- 1 xícara de carne moída magra

Modo de preparo

Misture todos os ingredientes em um processador de alimentos e bata até homogeneizar.

Separe a massa em bolinhas de aproximadamente um centímetro, achatando-as levemente em uma forma untada ou sobre um tapete de assar cookies.

Leve ao forno a 180 ºC por 30 minutos ou até dourar. Espere esfriar para oferecer aos pets.

Armazene na geladeira por 10 dias ou congele por até 60 dias.

A receita completa contém aproximadamente 500 kcal. Divida esse número pela quantidade de biscoitos que a massa render para ter o valor calórico da unidade.

Biscoitos maçã e gengibre

As maças são superestrelas em termos de antioxidantes, fornecendo uma variedade de fitoquímicos como catequinas, quercetina e ácido clorogênico.

Estudos descobriram que as fortes propriedades antioxidantes das maças podem ajudar a otimizar os níveis de colesterol, minimizar o risco de câncer e reduzir a oxidação lipídica.

O ácido clorogênico, do qual falo acima, é bem abundante na polpa da maçã e tem propriedades antidiabéticas, anticancerígenas, anti-inflamatórias e antiobesidade.

Mas o antioxidante de mais destaque nas maçãs é mesmo a quercetina, que tem sido associada à redução no risco de diabetes tipo 2 e doenças cardíacas. Ela também possui propriedades anti-histamínicas que podem ajudar a minimizar os sintomas de alergias como coceiras, inflamação e irritação nos pets.

Ingredientes

- 1 xícara de farinha de arroz

- ½ xícara de maçãs picadas, sem cascas e sem sementes

- ⅔ de xícara de iogurte natural não adoçado

- ½ colher de sopa de gengibre fresco finamente picado ou então 1 colher de chá de gengibre em pó

Modo de preparo

Misture todos os ingredientes em um processador de alimentos e vá adicionando mais farinha de arroz conforme necessário para a massa desgrudar do pote.

Separe a massa em bolinhas de aproximadamente um centímetro, achatando-as levemente em uma forma untada ou sobre um tapete de assar cookies.

Leve ao forno a 180 °C por 20 minutos ou até dourar. Espere esfriar para oferecer aos pets.

Armazene na geladeira por 10 dias ou congele por até 60 dias.

A receita completa contém aproximadamente 495 kcal. Divida esse número pela quantidade de biscoitos que a massa render para ter o valor calórico da unidade.

Biscoitos de fígado

Fígado bovino e/ou de frango são fontes baratas de proteína com um perfil nutricional bem denso. O que é motivo de destaque dessas proteínas, classificadas como vísceras, também é o item principal que devemos dar ponto de atenção no momento do fornecimento. Por serem tão concentradas em nutrientes, oferecer em pequenas quantidades é crucial para não gerarmos problemas gastrointestinais nos nossos pets, como gases ou diarreias.

Ingredientes

- 2 xícaras de aveia em flocos

- 1 colher de chá de alecrim fresco (além de dar sabor, é um conservante natural)

- 1 ovo

- 50 g de fígado bovino ou de frango cozido.

Modo de preparo

Misture todos os ingredientes em um processador de alimentos e vá adicionando mais aveia conforme necessário para a massa desgrudar do pote.

Separe a massa em bolinhas de aproximadamente um centímetro, achatando-as levemente em uma forma untada ou sobre um tapete de assar cookies.

Leve ao forno a 180 °C por 30 minutos ou até dourar. Espere esfriar para oferecer aos pets.

Armazene na geladeira por 10 dias ou congele por até 60 dias.

A receita completa contém aproximadamente 600 kcal. Divida esse número pela quantidade de biscoitos que a massa render para ter o valor calórico da unidade.

Biscotti de banana

Um dos benefícios mais notáveis da banana é sua quantidade de antioxidantes, incluindo compostos fenólicos, carotenoides, aminas biogênicas e fitosteróis.

Entre estes compostos, os fenólicos são os principais que contribuem para a capacidade das bananas de ajudar a diminuir o risco de estresse oxidativo nos pets. Alguns compostos fenólicos que podemos citar nas bananas são as catequinas, epicatequinas e ácido gálico.

As catequinas, em particular, ajudam a combater os danos oxidativos através de diferentes vias. De acordo com um estudo publicado na Biomedical Dermatology, as catequinas não apenas ajudam a eliminar os radicais livres, mas também ajudam a inibir os danos causados pelos raios UV e a poluição, ativar a síntese de colágeno e ainda inibir a produção de enzimas responsáveis pela degradação do colágeno.

Ingredientes

- 2 bananas-prata
- 2 colheres de sopa de mel (opcional)
- 1 ovo
- 1 xícara de aveia em flocos finos

Modo de preparo

Em um recipiente amasse a banana, misture o mel e o ovo. Acrescente a aveia em flocos até que a massa desgrude do pote.

Separe a massa em bolinhas de aproximadamente um centímetro, achatando-as levemente em uma forma untada ou sobre um tapete de assar cookies.

Leve ao forno a 180 °C por 15 minutos ou até dourar. Espere esfriar para oferecer aos pets.

Armazene na geladeira por 10 dias ou congele por até 60 dias.

A receita completa contém aproximadamente 740 kcal. Divida esse número pela quantidade de biscoitos que a massa render para ter o valor calórico da unidade.

Sorvetes e gelinhos

Bananinha congelada

Como anteriormente já falamos bastante sobre os ingredientes envolvidos nessa receita, vamos direto ao ponto.

Ingredientes

- 450 ml de iogurte natural (com apenas dois ingredientes, leite e fermento)

- 1 colher de sopa de manteiga de amendoim não adoçada

- 2 bananas-nanicas descascadas e amassadas

Modo de preparo

Bata todos os ingredientes em um liquidificador ou processador de alimentos.

Despeje a mistura em forminhas de gelo e congele até endurecer completamente.

Cada gelinho contém aproximadamente 75 kcal, variando um pouco conforme o tamanho da forma.

Dica extra: congele a mistura diretamente dentro de um brinquedo recheável ou tapete de lamber, para criar um saboroso enriquecimento ambiental para seu pet.

Sorvete de manga

O gengibre tem diversas propriedades benéficas, é um potente antioxidante, com propriedades anti-inflamatórias, reduz náuseas, indigestões e pode apoiar o tratamento de dores articulares.

Ingredientes

- 1 manga tommy madura

- 5 g de gengibre em pó
- 200 ml de água

Modo de preparo

Bata todos os ingredientes no liquidificador e distribua em formas de gelo.

A receita contém aproximadamente 250 kcal. Divida esse número pela quantidade de gelinhos que a receita render para ter o valor calórico de cada petisco.

Pasta de grão de bico para kong

Brinquedos para rechear são excelentes para aquele período em que o cão precisa ficar sozinho em casa, pois são uma diversão que reduz os sintomas da ansiedade de separação e podem ser recheados com uma infinidade de ingredientes.

Gosto de deixar alguns brinquedos recheados com ingredientes naturais sempre prontos no freezer para quando eu precisar sair; os cães adoram e ficam horas entretidos lambendo o recheio até deixar o brinquedo limpinho.

Ingredientes

- 100 g de grão-de-bico cozido
- manjericão a gosto
- 10 ml de azeite

Modo de preparo

Bata tudo no liquidificador, recheie um kong ou similar com a pasta e congele.

Ofereça para o pet se entreter quando for ficar sozinho ou mesmo sob supervisão, como forma de estímulo mental.

Sorvete de abacaxi

Esse é especialmente dedicado aos pets acima do peso. Além de ser baixíssimo em calorias e uma ótima opção para refrescar os animais nos dias mais quentes, esse petisco é rico em bromelina, um composto natural do abacaxi que ajuda nos processos digestivos. É antioxidante, anti-inflamatório e capaz de reduzir bactérias do gênero E. coli no intestino.

Ingredientes

- 100 g de abacaxi
- 100 ml de água
- Hortelã picada a gosto

Modo de preparo

Bata todos os ingredientes no liquidificador e congele em forminhas de gelo. A receita inteira contém apenas 50 kcal, além de ser refrescante e nutritiva.

Sorvete de coco

O destaque no coco vai para sua porção saudável de triglicerídeos de cadeia média, principalmente os ácidos láurico, cáprico e caprílico, com diversos benefícios comprovados à saúde, como por exemplo:

- Potencializador da função cerebral.

- Agente promotor de saúde intestinal, sendo benéfico para selecionar populações saudáveis de bactérias no intestino.

- Redução das crises em animais epiléticos.

Ingredientes

- 1 pote de iogurte natural, não adoçado (procure na composição na embalagem por aqueles com no máximo dois ingredientes, leite e fermento)

- 4 colheres de sopa de coco ralado não adoçado

- Hortelã picada a gosto

Modo de preparo

Misture todos os ingredientes em um liquidificador e bata até ficar homogêneo.

Distribua em forminhas de gelo e deixe congelar. Mantenha no freezer por até três meses.

A receita completa contém aproximadamente 280 kcal. Divida esse número pela quantidade de gelinhos que a receita render para ter o valor calórico de cada petisco.

Gelinho de melancia

Esse é especial para os dias quentes e ideal para cães em programa de perda de peso, ou mesmo aqueles com peso saudável atualmente, mas com tendência a ganho.

Além disso, é uma receita rica em antioxidantes, potássio, cálcio, magnésio e as vitaminas C e do complexo B.

Ingredientes

- 100 g de melancia sem sementes

- 50 ml de água de coco natural

Modo de preparo

Misture todos os ingredientes em um liquidificador e bata até ficar homogêneo.

Distribua em forminhas de gelo e deixe congelar. Mantenha no freezer por até três meses.

A receita completa contém apenas 70 kcal. Divida esse número pela quantidade de gelinhos que a receita render para ter o valor calórico de cada petisco.

10 - Explicações adicionais sobre os petiscos

DIABETES

Caso seu cão tenha algum tipo de diabetes ou resistência insulínica por qualquer motivo, consulte o veterinário que o acompanha antes de adicionar qualquer petisco à rotina dele. Esse profissional saberá indicar quanto e quando é melhor oferecer esses alimentos.

DOENÇA RENAL OU INSUFICIÊNCIA RENAL CRÔNICA / HEPATOPATIAS

Para pets com problemas renais ou hepáticos, é melhor evitar as receitas com proteínas na composição, como o salgadinho de coração ou o muffin de sardinha, por exemplo.

Prefira os petiscos com base de frutas ou vegetais.

Obs.: o ovo, presente em quase todas as receitas, não deve ser um problema para esses pets, por ser em pouca quantidade. Mas, na dúvida, consulte antes o seu veterinário ou o responsável pelo acompanhamento nutricional do seu pet.

HIPERSENSIBILIDADE ALIMENTAR, ALERGIAS OU ATOPIA

Como alergias e hipersensibilidades são muito particulares de cada animal, sempre consulte seu veterinário ou o profissional responsável pelo acompanhamento nutricional do seu pet para checar se o petisco que quer oferecer é seguro para ele em particular.

Para esses animais, uma simples proteína desidratada, que esteja liberada para ele, pode ser uma opção melhor que petiscos muito elaborados, com diversos ingredientes.

OBESIDADE

Para cães acima do peso ou passando por programa de emagrecimento, prefira os petiscos menos calóricos dentro da nossa seleção, e calcule a ingestão diária em 5% das calorias totais a serem consumidas, em vez dos 10% que usamos para animais saudáveis.

11 - Restrições: alimentos tóxicos ou potencialmente perigosos

Uvas e uvas-passas

Desde 1989, há documentação de casos de intoxicação de animais que consumiram uvas ou uvas-passas, sendo que em alguns dos casos os animais chegaram à morte.

Animais intoxicados por esses alimentos apresentam problemas gastrointestinais seguidos de falência renal aguda. Os sinais são vômitos, letargia, anorexia, diarreia, dor abdominal e fraqueza. Na maioria dos animais, esses sinais se apresentaram dentro de 24 horas após a ingestão da fruta.

Chocolate

Os sinais da intoxicação por chocolate costumam se manifestar dentro de poucas horas após o consumo. O problema com o chocolate é uma substância chamada teobromina, que está mais presente quanto mais cacau o chocolate possui. Então, em barras de chocolate amargo, por exemplo, o risco é ainda maior.

Isso acontece principalmente pois os cães têm muita dificuldade de eliminar a teobromina do organismo. Logo, mesmo doses muito pequenas podem levar a um acúmulo no organismo gerando toxicidade. Assim, a taxa de animais levados a óbito pode ser alta mesmo depois de muito tempo da exposição ao chocolate. A cafeína presente no chocolate também é um problema para os animais.

Além das barras de chocolate, devemos ficar atentos para que cães não tenham acesso a cacau em pó. Quantidades tão pequenas, quanto quatro gramas por quilograma de peso vivo animal, já são suficientes para matar um cão.

Os compostos tóxicos presentes no cacau atacam o sistema nervoso central causando taquicardia, estresse respiratório e hiperatividade. Os sinais clínicos envolvem vômitos, diarreia, agitação, tremores musculares, arritmia, convulsões e em casos graves falência renal, coma e morte.

Cebola e alho

O consumo de cebola pode levar a problemas de anemia em cães devido a um processo de desnaturação irreversível da hemoglobina. Quantidades relativamente baixas de cebolas frescas já são potencialmente tóxicas. A toxicidade desse ingrediente pode ser difícil de ser avaliada, pois os sinais levam diversos dias para começarem a se manifestar.

Apesar de o envenenamento por cebolas e alhos ser mais comum em cães devido à maior exposição, gatos são ainda mais sensíveis aos seus efeitos devido à estrutura particular da sua hemoglobina.

Enquanto a cebola parece ser responsável por intoxicações mais graves, alhos e cebolinha também são potencialmente perigosos por conterem os mesmos compostos, ainda que em menor concentração.

Alguns pesquisadores têm demonstrado que os animais precisam ser expostos a quantidades maiores de alho em comparação à cebola para que os efeitos tóxicos apareçam. Mas, ao mesmo tempo, alguns indivíduos com características hereditárias específicas parecem ser mais suscetíveis à intoxicação por alho. Na dúvida, é sempre melhor evitar a oferta, não existem benefícios que possam compensar os riscos, na minha opinião.

Carambolas

Com mecanismo de ação muito parecido ao da cebola, as carambolas também devem ser evitadas para nossos pets. Seus sais oxálicos se ligam ao cálcio no organismo podendo levar à falência renal.

Os sinais clínicos mais comuns da intoxicação por carambola são sede excessiva, urina em excesso ou com sangue, vômitos, diarreia, apatia e letargia.

Macadâmia

Não se conhece exatamente o mecanismo de intoxicação por macadâmias ainda, mas temos diversos relatos de casos demonstrando que a ingestão dessa castanha pode levar à paralisia temporária dos membros, fraqueza, a vômitos, tremores musculares.

Doses tóxicas variam de 2,4 a 64,2 g/kg. Os sintomas parecem ser passageiros, mas ainda não se tem grandes informações, e esse ingrediente permanece na lista dos proibidos até que se saiba mais.

Ossos

Os ossos são um tema polêmico dentro dos ingredientes permitidos ou proibidos para cães.

O que sabemos é que ossos crus, quando feito o congelamento profilático, parecem ser seguros para nossos animais, desde que dados sob supervisão. Entretanto, ossos que tenham passado por qualquer processo térmico já representam um grande risco para a saúde dos nossos pets.

Sabe aquele osso da coxinha do frango assado? Jamais compartilhe com o seu animal. Ossos de assados, de frituras ou mesmo os defumados, tão comuns em pet shops, por terem passado por alterações na sua estrutura, ao serem roídos e mastigados, quebram formando pontas perigosas para o trato gastrointestinal, podendo levar a perfurações internas.

Se quiser dar um osso para seu cão roer, procure um osso grande o suficiente para que não seja engolido inteiro, como um fêmur bovino, por exemplo. Forneça-o cru, fazendo previamente um congelamento profilático de aproximadamente cinco dias e sempre deixe disponível para o animal sob supervisão, por períodos curtos. Ainda com o congelamento profilático existem controvérsias quanto à segurança microbiológica de ossos crus.

Mesmo sendo mais seguro assim, ossos podem causar fraturas dentárias. Então, se atente na hora do fornecimento, se seu cão for muito ávido, talvez seja melhor evitar.

Xilitol

Tipo de adoçante usado em produtos industrializados como balas e confeitos, o xilitol representa um perigo para a saúde dos nossos pets. Os sintomas da ingestão envolvem rápida hipoglicemia, vômitos, depressão, tremores, disfunção hepática e até mesmo hemorragia do trato gastrointestinal.

Lactose

Cães e gatos adultos têm baixa atividade da enzima lactase, que degrada a lactose do leite. A quantidade máxima diária de ingestão de lactose em filhotes é de até 5 g/kg de peso corporal, enquanto um cão adulto tolera até 2 g/kg de peso corporal. Por sua vez, produtos lácteos fermentados são mais digeríveis, como queijo e iogurte.

Ovos crus

Ovos são seguros e um ótimo alimento para cães desde que dados bem cozidos. Quando crus, os ovos têm uma substância que inibe a tripsina, enzima envolvida na digestão de proteínas. Além disso, há também uma substância chamada avidina em ovos crus que prejudica a absorção de biotina, levando à deficiência dessa vitamina, mesmo que ela esteja presente em abundância na alimentação.

Essencial para a síntese de ácidos graxos, aminoácidos, purinas e ácidos nucleicos, a deficiência de biotina em cães e gatos leva à anorexia, perda de peso e até mesmo a quadros neurológicos.

Peixe cru

Assim como no caso dos ovos, peixes crus contêm uma enzima chamada tiaminase, que quebra a vitamina B1 (tiamina), impedindo sua absorção no organismo. O cozimento dos peixes inativa a tiaminase e reverte o risco de deficiência de B1.

ENCERRAMENTO - Agora você já está pronto

Após passar por todas as informações deste guia, você já tem todas as ferramentas para tomar melhores decisões para seus animais. Lembre-se de que essas decisões passam pelo que é melhor para os pets, mas também pelo que se encaixa na sua rotina, nas suas expectativas e no seu bolso.

A importância deste livro, além das receitas, é alertar o tutor sobre pontos importantes e afastar informações incorretas e mitos largamente difundidos na alimentação animal.

Caso tenha despertado em você a vontade de ter um plano nutricional completo e balanceado para o seu animal, sempre terei um espaço reservado na minha agenda para atendê-lo, é só me procurar.

Meu desejo é que sua relação com seus pets fique ainda mais estreita e fortalecida com os conhecimentos que você adquiriu aqui e que eles resultem em uma vida ainda mais plena e longa para os seus animais.

QR CODE para download da planilha de cálculos de calorias e ingestão de alimentos:

Escaneie com a câmera do seu celular ou um app leitor de QR Code.

REFERÊNCIAS

FEDIAF. *Nutritional Guidelines: For Complete and Complementary Pet Food for Cats and Dogs*. Bruxelas: [s. n.], 2021. 96 p.

ABINPET. *Manual Pet Food Brasil: Associação Brasileira da Indústria de Produtos para animais de estimação*. Décima edição. ed. São Paulo: [s. n.], 2019. 568 p.

Nossos livros:

Antibioticoterapia em Pequenos Animais, ora oferecido ao público brasileiro, constitui-se, assim, em importante livro que será de muitos préstimos e de consulta obrigatória para profissionais médicos veterinários, para estudantes de graduação e de pós-graduação de Medicina Veterinária e das ciências fisiológicas básicas e aplicadas à Medicina Veterinária. Distribuída em sete capítulos e um bem elaborado apêndice, traz um relato conciso sobre antibióticos, sua história e o desenvolvimento que experimentam desde os trabalhos pioneiros de Florey (1941) com a penicilina, divisada por Fleming em 1929.

Parasitologia Veterinária, fonte útil de informações sobre o agente etiológico, sua taxionomia, morfologia, biologia, quadro clínico, patogenia, diagnóstico e profilaxia das parasitoses mais comuns dos nossos animais domésticos. No capítulo 1 são abordados, além da introdução a parasitologia, a sistemática e as regras internacionais de nomenclatura zoológica. Os capítulos 2, 3, 4 e 5 são dedicados à protozoologia, helmintologia, artropodologia e malacologia, respectivamente. Termina com a biografia de alguns parasitologistas e glossário.

A cura da arte antiga da Medicina Tradicional Chinesa (MTC), agora para cães e gatos! A acupressão, dieta e fitoterapia, que são usadas com grande sucesso em humanos por milhares de anos, agora estão, finalmente, disponíveis para nossos amigos de quatro patas. A acupuntura é utilizada em animais há mais de 3.500 anos e desde então, ela e as outras formas da MTC têm sido usadas para tratar uma variedade de problemas, incluindo dor, artrite, doenças cardíacas, pulmonares, renais, digestivas, hormonais, alérgicas, reprodutivas e mentais. *Quatro Patas, Cinco Direções* apresenta vários problemas que podem ser identificados por todos os que vivem com um animal de companhia. Ao invés de medidas anódinas caras, uma mudança de dieta ou a adição de acupressão e fitoterápicos no cuidado animal pode ser a solução. Este livro é adequado tanto para veterinários quanto para pessoas que simplesmente querem entender e melhorar a qualidade de vida de seus animais de estimação, da forma mais natural possível.